버려질 모든 순간을 사랑하겠노라

버려진 모든 순간을 사랑하겠노라

김성경 지음

토기장이

차례

프롤로그

Part 1
010 신앙이 추억에 갇혀버리다
017 어쩌다 여기까지 떠내려왔을까
026 내가 변했다는 거, 다 알고 계시잖아요
035 제가 대체 얼마나 더 믿어야 해요
044 나는 하나도 바뀌지 않는구나
052 너희 하나님 좋은 분 아니다

Part 2
068 낭비
075 하나님, 사실 많이 갑갑합니다
083 권태기
092 내가 만난 건 터널이 아니라 동굴이었다
102 악인들의 형통 앞에 질문하다
110 이겼다 생각했던 아픔이 다시 내게 말을 걸었다

Part 3
128 나는 예수님을 사랑하는 것이 맞을까
138 내 불은 왜 이리 빨리 꺼지는가
146 에덴에 다시 심긴 나무
154 그 은혜가 헛되지 않았습니다
163 등불
170 짐

Part 4	182	분명 잘할 수 있을 거라 생각했는데
	190	이 교회는 이제 나랑 맞지 않아요
	198	그림자
	206	나는 절대 이것을 내려놓을 수 없다
	212	나는 천둥입니다
	220	나 여기 끝까지 서 있는 나무가 되게 하소서

Part 5	234	내 모습 이대로 사랑하시나
	245	사라진 저주
	256	할아버지의 보청기
	265	저 정말 할 만큼 했어요
	276	그래도 우리가 사랑해야 하는 이유

에필로그

*이 책을 추천하신 분들

프롤로그

예수님, 제가 사실은 괜찮지가 않아요.

결국 제 주위에 변치 않는 것은 아무것도 없었고,
이상하게 매번 제가 사랑하려 했던 것은 모두 변해 갔습니다.

사랑하려 노력했고,
이겨보려 노력했고,
함께하려 노력했는데.

그러나 제가 사랑하려 노력했던 모든 것은
늘 그렇게 저의 용기를 비웃으며 손을 흔들었어요.

그렇게 누군가를 사랑한다는 것은 모조리 부질없단 생각에
다시는 사랑이라는 걸 하지 않겠다 결심하고,

믿음을 지킨다는 이유로
세상에 미련한 바보 취급당하지 않겠다 결단하고,

그렇게 예수님 당신의 사랑을 닮으려 설치다가
상처받지 않겠다고,
더 이상 억울해지지 않겠다고 다짐을 하다가도

불현듯 당신이 십자가 언덕 아래 심어두고 간 꽃이
아무런 경고도 없이 내 안에 피어나고 있음을 마주하기에,

버려지는 그림자가 되기까지
그 꽃을 피워내고 가셨던 향기를 맡았기에,

오늘도 미련하지만 위대할 당신을 닮은 고백을
이 글에 뱉어봅니다.

버려질
모든 순간을 사랑하겠노라.

신앙이
추억에
갇혀버리다

어쩌다
여기까지
떠내려왔을까

내가 변했다는 거,
다 알고 계시잖아요

Part 1

제가 대체　　　　나는 하나도　　　　너희 하나님
얼마나 더　　　　바뀌지 않는구나　　좋은 분 아니다
믿어야 해요

신앙이 추억에
갇혀버리다

내가 하나님을 믿지 못하는 게 아니에요. 절대 하나님이 안 계시다 생각하지도 않습니다. 나는 하나님의 존재를 살면서 부정한 적이 없어요.

그런데 문제는,

**하나님이 살아 계시지 않는다는 것이 아니라,
이젠 내 삶에 그 하나님이 보이지 않는다는 것입니다.**

"하나님이여 사슴이 시냇물을 찾기에 갈급함같이 내 영혼이 주를 찾기에 갈급하니이다 내 영혼이 하나님 **곧 살아 계시는 하나님을 갈망하나니** 내가 어느 때에 나아가서 하나님의 얼굴을 뵈올까"_시편 42:1-2

솔직히 나는 지금 누가 한가하게 간증하고, 누가 얘기해 주는 하나님에 대해 들을 시간이 없다는 거예요. '내' 하나님, '내'게 분명 살아 있었던 하나님이 없어졌다고요. 다윗의 어두운 밤, 그의 당황스러움도 이것이었습니다.

"사람들이 종일 내게 하는 말이 **네 하나님이 어디 있느뇨** 하오니 내 눈물이 주야로 내 음식이 되었도다"_시편 42:3

분명 나, 하나님 믿는데…
나, 하나님 사랑하는 사람인데…
나, 하나님 전하던 사람인데…

무너진 내 삶을 보며,
하나님이 보이지 않는 내 삶을 보며
사람들이 "네 하나님 어디 갔느냐" 놀려요.

"내가 **전에** 성일을 지키는 무리와 동행하여 기쁨과 감사의 소리를 내며 **그들을** 하나님의 **집으로 인도하였더니** 이제 이 일을 기억하고 내 마음이 상하는도다"_시편 42:4

'주님, 이전에 하나님의 그 생생한 역사의 주인공이었던 추억을 생각하니 지금 제 마음이 너무 상해요. 하나님, 저… 너무 비참해요. 제가 이 모양이 됐어요.'

그 따스하고 뜨거웠던 신앙은 추억에만 갇혀 있고, 지금 내 현실은 그날의 살아 계셨던 내 하나님과는 이미 너무 멀어져버린 오늘이에요. 그날을 향한 간절함은 있는데, 살아 계신 하나님은 없는 내 지금이 너무 비참한 거예요.

그런데 그 밤, 다윗이 결심한 한 가지 행동이 시작됩니다.

"**내 영혼아** 네가 어찌하여 낙심하며 어찌하여 내 속에서 불안해하는가 너는 하나님께 소망을 두라 그가 나타나 도우심으로 말미암아 내가 여전히 찬송하리로다"_시편 42:5

내 영혼을 향한 노래,
그 기도를 시작하는 겁니다.

세상을 향해 탓하고, 하나님을 향해 떼쓰고 매달리던 그 고백의 방향을 그가 돌려버려요! 어디로? 내 영혼에게로요. 그의 기도가 이제 자기 자신을 직면합니다. 그의 기도가 추억에 갇혀 있던, 울고 있던, 두려움과 슬픔에 눌려 있던 자신을 마주하러 간 것입니다.

저는 운동 중에 유일하게 볼링을 정말 좋아합니다. 모든 스포츠가 그렇지만 볼링장에 가면 진짜 허세만 잔뜩 낀 사람이 있어요. 잘 안 되면 바로 레인 탓을 시작해요. 그다음에는 신발 밑창 탓을 해요. 그다음에는 공 탓을 해요. 적고 보니까 다 제 이야기라 당황스럽지만 아무튼 그래요. 그런데 진짜 실력 있는 선수들은 자신이 원하던 방향이 나오지 않을 때, 혼자 조용히 앉아서 중얼거립니다. 그게 뭐하는 거예요? 자신이 지금 무엇을 놓치고 있는가 돌아보고 자신에게 명령하는 겁니다.

다윗은 자신의 영혼에게 소리쳐요.

"내 영혼아 깨어라! 하나님이 끝나지 않았다.
하나님이 끝났다 하시기 전까지 내게 끝날 수 있는 것은
아무것도 없는 것 아니겠느냐.
하나님, 내 영혼이 주님과 함께 살았던,
내 삶이 예수로 요약되었던 그날을
오늘도 다시 전 꿈꿉니다."

예전에 악기 전공자 친구를 따라 낙원상가에 갔다가 바이올린과 피리들을 보는데, 어떤 것은 가격이 정말 기하급수적으로 뛰어오르길래 그 이유를 물어봤어요.

그 속을 비워내는 정교한 기술력 차이라는 겁니다.

음악과 악기에 대해 무지한 저는 그 말을 듣고 친구에게, "아니, 멀쩡하게 비싼 금속과 나무를 자기들이 다 덜어가 놓고 가격은 왜 더 올려? 재료를 뺐으면 가격이 내려가야지"라고 말했는데 지금은 그 사장님의 말이 잊히지 않습니다.

"소리는 그 속이 비워질수록
아름다워지는 겁니다."

아,
그러니 두고 보세요.

지금,
**당신의 그 텅 빈 시간이야말로
가장 아름다운 찬송이 탄생하는 밤이 될 겁니다.**

돌아가고 싶은, 그 갈급함만 남아 있는 것 같은 날, 쓰러져 가는 내 영혼을 마주해 주세요. 그리고 내 영혼을 향하여 명령해 주세요. 힘내라고, 정신 차리라고, 예수의 이름으로 다시 너 일어나 걸으라고, 오늘 우리 다시 가장 아름다운 소리를 내보자고.

하나님은
내가 가장 잘하는 것을
사용하시기도 하지만
내가 가장 잘할수 없다 하는것을
꺾으시어 나를 사랑하시기도 합니다.

어쩌다 여기까지
　　떠내려왔을까

이렇게 아프고 싶었던 것도,
이렇게 연기하며 살고 싶었던 것도,
이렇게 멀어지고 싶었던 것도 아니었는데…
나 어쩌다 여기까지 떠내려왔을까.

두려운 게 너무 많아졌어요.
나도 분명 담대했는데, 그 담대함만으로는 이길 수 없는
세상이 있다는 걸 알아버린 거예요.

다윗, 그도 삶이 요동칠 때, 자신의 신앙과 영혼마저 요동

치기 시작했다는 것을 인식했을 때 흔들림 속에서 "주님, 저 진짜 이러다 죽을 것 같아요" 하면서 안식을 찾다가 한 가지를 깨닫고 결단하는 고백을 드립니다.

"나의 영혼이 잠잠히 **하나님만** 바람이여"_시편 62:1

하나님만, 하나님만, God alone.

그렇구나, 어쩌면 우리의 영혼이 두려움에 먹히는 이유는
하나님이 없기 때문이 아니라,
하나님만 있는 것이 아니기 때문이구나.
내게 하나님 같은 것들이 너무 많기 때문이구나.

맞아요.
하나님만이 내게 남아 있을 때만큼
내가 가장 강력해지는 때는 없습니다.

'아, 나는 하나님을 위해 죽어도 좋다 생각했던 그때가
가장 아름다웠구나.'

그러니 우리 잊지 말아요.

**우리는 두려워해야 할 분을 두려워하지 않으면
두려워하지 말아야 할 것을 두려워하기 시작합니다.**

가장 위대한 한 분을 진정 두려워할 줄 아는 자에게 그분 외에 다른 것들은 두려운 존재가 될 수 없는 거예요. 지금 내가 통제하지 않는 그 우상은 반드시 괴물이 되어 나를 통제할 것이고, 지금 내가 돌이키지 않는 그것은 반드시 내 안에 있는 하나님의 자리를 빼앗아 갑니다.

생각해 보니, 두려운 게 많아서 여기까지 와버린 것도 맞지만 사실은 어쩌면 난 실망했던 겁니다. 하나님께.

기대했었는데…
분명 응답해 주실 줄 알았는데… 말이죠.

정말 살다 보면 "하나님이 살아 계시다면 저한테 이러실 수는 없는 겁니다"라고 소리치고 싶은 일이 일어나지 않나요?

어느덧 교회에 대한 상처로 예수님을 떠났던 청년들과 함께 다시 예배를 세워온 지 2년차가 되어 갑니다. 개척 첫 예배부터 지금까지 열심히 함께 교회를 지켜와 준 한 형제가 있습니다. 그 형제에게는 늘 싸우고 있는 숨 막히는 '공황장애'가 있었어요. 그날도 예배 가운데 허락해 주신 말씀이 얼마나 뜨거웠는지 지금도 기억납니다. 그리고 우리는 하나님이 이미 끝내 놓으신 싸움을 그저 싸우는 것이니 아픔 가운데도 그 말씀의 능력을 의지하여 다시 또 싸워보자 하며 눈물로 포옹하고 흩어졌죠.

"저 꼭 이겨낼 거예요. 절대 이 고통에 지지 않아요.
목사님, 하나님이 이미 끝내 놓으신 싸움임을 믿어요."

돌아가는 문 앞에서 벌겋게 눈물이 맺힌 눈으로 저를 끌어안으면서 "말씀 때문에 다시 살아낼 것이다. 반드시 이 아픔을 이기겠다" 선포했던 그 청년은 뜨거운 승리자의 가슴으로 늦은 밤 집에 돌아갔습니다. 그렇게 은혜만 가득할 거라 생각했던 그날 새벽, 오래도록 잠잠했던 두려운 아픔이 다시 그 형제를 덮칩니다. 이유도 없이 몰려오는 공황에 그

젊은 청년은 숨이 막혀와 실려 가게 됩니다.

그런데 그 형제는 기절 직전에도 흔들리는 자신의 손을 붙잡은 채 오타들이 난발하면서까지 승리를 선포하려고 싸웠거든요.

**"저 안 질 거예요. 끝까지 안 쓰러질 거예요.
하나님만 끝까지 붙잡을 거예요."**

애써 침착한 척 그 형제를 끝까지 안정시키겠다고 "괜찮아. 괜찮아질 거야. 아무것도 아니야"라고 답장을 쓰면서도 저는 그 순간 하나님께 너무 서운해서, 또 너무 실망스러워서 눈물을 쏟으며 소리를 질렀어요.

'하나님, 정말 너무하세요! 오늘 그 아들의 고백을 들으셨으면서, 어쩜 이렇게 무심히 내버려둘 수 있으세요? 그 귀했던 믿음을 이렇게 짓밟을 수 있으세요? 정말 이러실 수는 없는 겁니다.'

그리고 얼마나 시간이 지났을까…
그 형제가 기절 직전에 남겼던 마지막 메시지가 왔습니다.

"저, 지금 기절해도 진 거 아니죠?
저희 하나님이 진 거 아니죠, 목사님?"

진심으로 그의 고백이 멋있어서 울음이 터졌습니다. 마지막까지 육신의 현실에 떠내려가고 싶지 않았던, 그 마음을 빼앗기고 싶지 않았던, 그리고 그 순간에도 하나님의 영광을 떠올렸던, 그건 세상이 이길 수 없는 '사랑'이었어요. 병원에서 깨어나 하나님께 실망했을 수도, 하나님이 원망스러웠을 수도, 이젠 막 살아버리겠다 할 수도 있는 상황 속에서 그 형제가 보낸 고백이 있었습니다.

"이걸로 하나님 의지할 수 있으면
이 육신의 연약함 평생 가져가도 좋아요.
아니 그것 때문에라도 평생 가지고 갈래요.
불안하고 힘들어도 어차피 싸워내야 할 사투가
있을 거라면 하나님 사랑하면서 싸우고 싶어요."

그제야 다시 깨닫게 됐어요.

예수님은 내가 가장 원하는 것을 주시는 분이 아닙니다.
예수님은 내게 가장 좋은 것을 주시는 분입니다.
그리고 그것은 '영원히 함께하심'입니다.

어떻게 이러실 수 있는가,
어떻게 이런 풍랑에 또 처참히 지게 하시는가….

그러나 잊지 마세요.

풍랑을 없애주시는 것이 기적이 아닙니다.
풍랑 속에 예수와 내가 함께 서 있는 것이 기적입니다.
풍랑 위라도 예수가 있는 곳에 내가 함께 있음이
여전히 복임을 아는 그 자녀가 이긴 것이었어요.

'아니, 왜 이런 아픈 기다림의 시간이 필요한 건데요?
그냥 늘 빨리 응답해 주시면 좋지 않습니까?'

기도 가운데 기다림이 있는 데에는
우리의 머리로 이해할 수 없는 많은 이유가 있겠지만
제가 아는 확실한 이유 중 하나는 바로,

그 기다림이 내 교만을 들통나게 하거든요.
그 더디게 하심이 내 우상이 무엇이었는지
스스로 드러나게 하거든요.
그 지체하심이 내가 진짜 사랑한 것이 무엇이었는지
보게 하거든요.

하나님은 자신을 위해서 기다리시는 게 아닙니다.
사실 나를 위해서 기다려주시는 겁니다.

사랑하니까…

내가 '빠른' 사람이 되는 게 중요한 게 아니라
내가 '바른' 사람이 되는 게 중요한 아버지니까요.

풍랑이 얇어지는 게 기적이 아니야.
진짜 기적은, 그 풍랑 속에서도
네가 나와 같이 있는
지금이 기적인 거야.

내가 변했다는 거,
　　다 알고 계시잖아요

이 찬양 가사를 혹시 아실까요?

"어쩌면 내 삶을 전혀 돌볼 수 없을지 모르겠지만,
나를 보내시고 무너진 그 땅에 내 생명 묻으소서"
_정신호, 〈선교사〉

어릴 적 예수님을 처음 만나고부터 너무 사랑했고 늘 눈물 흘리면서 담대하게 고백할 수 있었던 가사였는데, 어른이 되고 현실을 살아가는 사역자가 되었던 어느 날 집회를 준비하며 정말 오랜만에 다시 마주했을 땐, 이 가사 앞에 더 이상은 담대할 수 없어진 나의 모습에 그렇게 무릎이 무너졌던 기억이 나요.

왜요? 진짜 내 삶이 무너지는 공허와 상처들에 둘러싸여 봤더니 이제 정말 그런 현실이 되는 게 두렵기 시작한 거예요. 그렇게 내 삶부터 챙기고 있는, 그 두려움부터 걱정하는 나를 보면서 이런 생각밖에 머릿속에 들지 않더라고요.

'아, 나 변해 버렸구나.'

그때 제 눈에 고개를 못 들고 자신의 실수와 상처를 가리면서 급급하게 붙잡혀 끌려왔던 성경 속 '간음한 여인'이 보였어요. 그녀의 실수, 그녀의 죄악, 그녀의 넘어짐을 향한 온갖 날카로운 죽음의 소리들이 그녀를 둘러싸고 있었어요.

그런데 더 미치겠는 건
실수하고 넘어진 나만 뭐라 하고, 나만 죽이면 될 것을,
내 상처와 무너짐을 가지고 내 곁에 계신 예수님이
나 때문에 공격을 당하는 거예요.

내 영혼의 동맥을 끊어내려는 저들이 이젠 내 사랑하는 예수님마저 나의 실수와 넘어짐을 이용해서 조롱하고 추락시키려는 거예요.

"예수께 말하되 선생이여 이 여자가 간음하다가 현장에서 잡혔나이다 모세는 율법에 이러한 여자를 돌로 치라 명하였거니와 **선생은 어떻게 말하겠나이까** 그들이 이렇게 말함은 고발할 조건을 얻고자 하여 예수를 시험함이러라"

_요한복음 8:4-6

무슨 말이 들리는 거예요?

"예수, 이제 그대는 대답하라!
그대가 아끼고 사랑한다 하는 딸이 이런 짓을 하고
다 들켜버렸는데, 이제 이렇게 더럽고 실패한 딸을,
아니 당신의 아버지이신 하나님의 율법이 돌로 쳐
죽이라 말한 이 죄인을 향해 잘나신 하나님의 아들인
그대는 어떤 판결을 우리에게 내려줄 것인가!
어떻게 이 딸을 지켜줄 것인지

이리 나와서 우리의 논증에 멋지게 대답해 보라 이 말이다!
똑똑하신 메시아 선생이여!"

모든 시선이 주님을 향했고 이제 예수님은 그들이 나의 죄와 넘어짐을 이용해 가둬버린 틀 안에서 메시아로서의 자존심을 지키셔야 하는 겁니다. 늘 그랬듯이, 이제 자리 한 중앙으로 나가서 자신의 말씀을 펼치시며 그런 오만한 자들의 코를 납작하게 하셔야죠!

그런데 예수님의 행동이 이상해요.

예수님이 스크래치 난 자존심 때문에라도
그 비방하는 말들에 대항하고 자신을 지키셔야 하는데,
예수님이 그들을 보시지 않아요.
그러고는 갑자기 이렇게 행동하십니다.

"예수께서 몸을 굽히사"_요한복음 8:6

대체 몸을 굽히고 땅에 무엇을 쓰셨는지는 모르겠지만, 그 순간 예수님께서 내 곁에 몸을 굽히셨다고요. 이게 뭐 하시는 거예요. 싸우셔야죠! 변해 버리고, 똑같은 유혹에 넘어가 죄를 짓고 잡혀온 나를 신경 쓰실 때가 아니라 그 악독한 소리들 앞에서 예수님 스스로 그 자존심을 지키셔야죠.

그런데, 그 예수님.
애초부터 자신의 자존심을 지키는 것에는
관심이 없으셨던 겁니다.

상처와 수치와 실패 속에서 무너져 앉아 울고 있는
나만 보이셨던 거예요.
나에게 고개를 숙여주시는 거예요.

앞에 있는 그들과 논쟁하지 아니하시고 부끄러운 내 옆에 앉아주셨다는 것은, 말씀해 주고 싶으셨다는 겁니다.

"내게는 네가 제일 중요해.
절대 널 두고 가지 않아.
그러니 이제 너도 거기서 나와."

그런데 그때, 예수님이 자신들이 기대했던 대로 반응하지 않으니까 나를 둘러싸 죽이려 했던 자들이 더 심하게 아우성을 쳐요.

"그들이 다그쳐 물으니"_요한복음 8:7(새번역)

뭐라고 하겠어요?

"예수! 왜 대답을 피하는가!
하나님마저 싫어할 저 더러운 여인을
지금 죽여야 하는가, 말아야 하는가!
그대도 우리의 지혜 앞에 아무 대답을 할 수가 없는 것인가?
당신이 사랑하는 저 변해 버리고 추악한 자녀를
우리가 어떻게 하면 좋겠냐 이 말 아닌가!"

저 세상의 소리가 다 맞아요. 어차피 변해 버린 영혼이고, 어차피 또 넘어질 영혼인데 예수님이 나에게 왜 이러시는지 모르겠어요. 그래서 나는 더욱 예수님 앞에 고개를 들 수 없고 내 영혼은 찢어져 가는 거예요.

그러나 그때, 칼같이 날카로운 말들이 자신의 옆에 있는 자녀를 찌르는 것을 보시자 예수님이 이제 또 움직이십니다.

"그들이 다그쳐 물으니, **예수께서 몸을 일으켜**, 그들에게 말씀하셨다. '너희 가운데서 죄가 없는 사람이 먼저 이 여자에게 돌을 던져라.'"_요한복음 8:7(새번역)

예수님이 이제는 내게 가까이 숙여주셨던 '그 몸을 일으켜' 나를 막고 그들과 싸워주시기 시작합니다. 나를 향한 저 날카로운 정죄의 입들로부터 나의 영혼을 지켜내시기 위해 끝까지 우리 예수님 싸워주시겠다는 거예요.

오해하지 마세요. 예수님이 지금 우리에게 "언제든 죄를 맘껏 저질러도, 유혹에 또다시 넘어져도 내 십자가가 있으니 괜찮아"라고 말씀하시는 게 아닙니다.

"나도 너를 정죄하지 아니하노니 가서 **다시는 죄를 범하지 말라**"_요한복음 8:11

'내가 변해 버렸구나' 하고 한숨만 쉬는 것은 사탄이 원하겠죠. '어차피 십자가가 있으니까 또 죄를 저질러도 괜찮아' 하고 싸우지 않는 것도 사탄이 원하겠죠.

받은 사랑을 기억하는 자여,
그 사랑을 위하여 이제 그 슬픔에서 나와 다시 싸우세요.

무너졌던 자여,
실패했던 자여,
두려움과 슬픔에 둘러싸였던 자여,

잘 보세요.
당신의 도망치던 눈물 끝에 무슨 일이 일어났는지.
당신을 둘러싸던 두려운 존재들이 어디로 갔는지.

"오직 예수와 그 가운데 섰는 여자만 남았더라"
_요한복음 8:9

그래나,
너도 이제 거기서 나라.

제가 대체 얼마나 더
　　　　　믿어야 해요

'하나님, 저 괜찮아야 하는 거 맞죠?
저는 하나님 믿는 사람이니까 인내해야 하는 거죠?
이런 상황에도 이겨내야 하는 거 맞죠?
두려워하지 말고 믿음으로 싸워서 이겨야만 하는 거죠?
그런데요, 하나님…

저는 대체 얼마나 더 믿어야 해요?

대체 어디까지 더 믿고 버티면 되는 거예요?
느려도, 속상해도, 무너졌어도

믿음의 길이란 원래 그렇게 넘어짐의 반복이라고
스스로를 다독이며 여기까지 잘 버텨왔다 생각했는데,
만족하면서 감사하면서 기쁨으로 살아왔다 생각했는데,

하나님, 제가 사실은 전혀 괜찮지가 않아요….'

믿어본 것 같은데, 여전한 상처와 여전한 현실 앞에서 우리는 질문해요.

"대체 그럼 나는 얼마나 더 믿어야 하는가. 얼마나 더 믿음으로 버텨야 인정해 주시고 도와주실 것인가. 교회에서는 예수님의 말씀과 내 믿음이 만나는 때가 기적이 시작되는 때라고 하던데, 그렇다면 내 삶이 아직도 이 모양인 이유는 내 믿음이 아직도 하나님이 보시기에 한참 부족해서라고 말씀하시는 것인가. 그럼 나는 얼마나 더 열심히 믿어야 되는 것일까. 얼마나 더 그럼에도 불구하고 괜찮다고 웃어야 믿음으로 봐주시겠는가."

성경에도 간절히 예수님의 기적을 기다렸던 한 아비가 있었어요. 아들이 귀신에 들려 하루에 몇 번이고 발작을 하고 거품을 물고 쓰러지는 거죠. 눈에 넣어도 안 아플 하나밖에 없는 자식이 매일 불에 들어가 화상을 입고, 물에 들어가 온 살이 부르트고 배가 산만 해져서 들어와요.

"귀신이 그를 죽이려고 불과 물에 자주 던졌나이다"
_마가복음 9:22

하루에도 몇 번씩 이런 일이 반복되는 현실에 이 아비의 마음이 어땠을까요? 그 와중에 '믿음'을 가지고 간구하면 기적이 일어날 수 있다는 소문을 들었을까요? 이 아비가 예수님의 제자들에게 달려가 간절함을 담아 부탁해 봤지만 제자들도 아들을 고치지 못해요. 내 마지막 희망 예수님도 오셨는데 이분도 내 간청에 말씀하시길,

"할 수 있거든이 무슨 말이냐 믿는 자에게는 능히 하지 못할 일이 없느니라"_마가복음 9:23

결국, 이분도 나에게 그러는 겁니다.

"아비야, 네 믿음이 여전히 부족해서
현실이 변하지 않는 거야."

아빠가 소리치고 싶지 않았을까요?

"주님, 제가 아비입니다. 어떻게 제 믿음이 간절하지 않을 수 있겠습니까. 저도 정말 너무 간절한데, 정말 잘 믿고 싶은 마음뿐인데 제가 여기서 대체 뭘 얼마나 더 믿어야 하는 것인가요. 어느 정도로 괜찮고 흔들리지 않아야 원하시는 믿음인 건가요? 대체 어느 수준까지의 믿음을 가져오면 만족하시겠어요?"

그런데,
그 아비는 그 서운했을 법했던 예수님의 말에 억울해하는 것이 아니라, 신속히 자신의 자세를 바꿔서 고백합니다.

그리고,
**신기하게도 그 아비의 바뀐 자세와 고백은
예수님이 그토록 기다리셨던 '믿음'이었나 봅니다.**

"곧 그 아이의 아버지가 소리를 질러 이르되 내가 믿나이다
나의 믿음 없는 것을 도와주소서"_마가복음 9:24

나의 믿음 없는 것을 도와주세요, 주님.

그 아비가 뭐라고 말하며 예수님을 붙잡았던 거예요?

"예수님, 제가 믿어요. 아, 아니, 제가 사실 믿음이 있다고
는 했지만 없는 것일지 모르겠습니다. 그러니까… 예수님,
저의 이 믿음 없음을 도와주세요."

아, 어느 위대한 수준에 도달해야 하는 믿음을
기다리고 계셨던 것이 아니었어요.

우리의 믿음에는 죽었다 깨어나도 소망이 없어요.
죽었다 깨어나신 예수님만이 소망일 뿐인 거죠.

그대,
그 괜찮지 않음을 말해도 된다는 거예요.

"예수님, 제 믿음이 사실 괜찮지 않아요. 믿는다고는 했지만 사실 제가 믿음이 없어요. 주님을 믿고 사랑하는 이 마음을 빼앗기고 싶지 않은데 제가 사실 많이 약해요. 그러니까 주님, 주님이 믿음 없는 저를 도와주세요. 괜찮게 이기는 모습을 보여드리고 싶었지만, 이런 약한 모습밖에 보여드릴 수 없어서 죄송해요. 그런데 이젠 저에게 남은 힘이 정말 없어요. 그러니까 주님, 주님이 저 좀 도와주세요."

포기하거나, 연기하거나, 다시 믿음이 생길 때까지
돌아갔다 오거나 하는 것이 아니라,

'**나의 믿음 없음을,**
나의 믿음 약함을,
나의 쓰러졌음을
아빠가 도와주세요'

했던 그 고백이
예수님의 눈에 '기특한 믿음'이 됐어요.

잊지 마세요.

"나는 하나님 잘 믿으니까 언제나 다 괜찮아요. 나는 기쁨으로 다 이길 수 있어요"라고 말하는 것만이 믿음이 아니라 "하나님, 제가 사실 괜찮지 않아요. 이제는 정말 버틸 힘이 없어요. 그러니 하나님이 이제 저를 좀 도와주세요"라고 말할 수 있음도 믿음이에요.

저도 이제 다 큰 아들인데 크면 클수록 고향에 계신 부모님은 전화로 더 물어보세요. "별 일 없는 거지?"라고. 아무 일 없다고 해도 1분 뒤면 또 똑같은 질문을 해서 어느 날은 제가 "아니, 아들이 별 일이 생겼으면 좋겠어서 계속 묻는 거야?"라고 했는데 부모님이 그러시더라고요.

"아니… 우리 걱정해서 네가 힘든데 괜찮은 척하는 것일까 봐. 자식이 홀로 괜찮은 척하는 게 얼마나 힘든 건데."

**자식의 '괜찮은 척'이
아버지에겐 가장 '안 괜찮은 것'이고**

'안 괜찮다고 말할 수 있는 것'이
아버지에겐 가장 '괜찮은 것'입니다.

믿음으로 버티기 힘든 그날이 왔다면
우리 같이 고백해요.

"하나님,
저 사실 오늘도 너무 힘들고 지쳤어요.
오늘도 버티기 힘들었고 많이 무서웠어요.
열심히 믿었는데 실은 제 믿음이 괜찮지 않아요.
그러니 주님이 저의 괜찮지 않은 믿음을 도와주세요."

그럼, 이렇게 말씀하지 않으시겠어요?

"그래, 아비에게 도와달라 말할 수 있는
그 눈물이 너의 '믿음'인 거야."

그래.
아비에게 도와달라 말할 수 없는
그 눈물이 너의 '믿음'인 거야.

나는 하나도
　　　바뀌지 않는구나

집회를 다니다 보면 학생들에게 이런 질문을 받습니다.
"목사님은 신앙생활 중 가장 힘들었던 때가 언제예요?"

그러면 저는 대답합니다.
"내가 주님을 처음 만났던 그 바로 직후."

말씀이 살아서 꿀 송이처럼 달았던 그때, 한두 시간 기도하는 것은 일도 아니었던 그때, 하나님을 위해 쏟는 헌신과 섬김이 전혀 아깝거나 힘들지 않았던 그때, 그 어떤 것도 이제는 나를 흔들어놓을 수 없을 거란 확신이 타올랐던 그때…. 그로부터 얼마 지나지 않아 발견하게 된 것은 이것 하나였어요.

'아, 내가 하나도 바뀌지 않았구나.'

내 안에 내가 싫어했던 나의 옛 사람, 나의 옛 상처, 나의 옛 죄악이 여전히 생생하게 살아 있다는 것을 발견하게 되었던 거예요.

그때 내 영혼은 말로 표현할 수 없을 만큼 혼란스러웠습니다. '아니, 그 뜨거운 불을 받아놓고 어찌 이렇게 쉽게 흔들릴 수 있단 말인가. 어떻게 이렇게 무너질 수 있단 말인가. 그날의 뜨거웠던 하나님과의 만남은 그저 내 최면이었던 것인가.'

그래도 다시 이겨보자 하는 마음으로 죽기 살기로 신앙을 붙잡아보지만, 또다시 실패와 넘어짐을 몇 번 더 반복하다 보면 점점 확신했던 그 뜨거운 불은 사라져가고, 기도는 식어가고, 예배의 열정까지 사라져가는 그런 나를 만나게 되면서 더 큰 좌절로 되돌아오더라고요. 그러면 결국 그냥 나의 신앙을 포기해 버리는 겁니다.

'아, 나는 어쩔 수 없나 봐.'

그 절망의 마음을 가진 우리를 위해 사도 바울이 남긴 고백이 있어요.

"내가 이미 얻었다 함도 아니요 온전히 이루었다 함도 아니라 오직 내가 그리스도 예수께 잡힌 바 된 **그것을 잡으려고 달려가노라** 형제들아 나는 아직 내가 잡은 줄로 여기지 아니하고 오직 한 일 즉 뒤에 있는 것은 잊어버리고 앞에 있는 것을 잡으려고 푯대를 향하여 그리스도 예수 안에서 하나님이 위에서 부르신 부름의 상을 위하여 **달려가노라**"

_빌립보서 3:12-14

'어떻게 구원받은 내가 이렇게 처참하게 무너질 수 있지? 내가 진짜 주님을 만났던 거라면 내 삶은 이전과 달라야 하는 것 아닌가? 왜 나는 하나도 안 변했단 말인가? 그날 내가 만난 주님이 진짜라면 주님을 위해서 변해야 되는 게 아닌가? 왜 나는 또다시 같은 자리에 넘어져 있는가?'

그래서 사도 바울이 말했던 거예요.
"잊지 맙시다, 우리는 아직 달리고 있는 중입니다."

무슨 말입니까?

우리는 구원받은 그 순간부터
신앙이라는 경주의 출발점에 선 것이라고,
하나님을 만나고 구원받은 것이
내 신앙의 완주를 이룬 것이라고 착각하지 말라고,
나도 아직 온전하지 않다고,
나도 여전히 나와 싸우고 있고
아직도 넘어지며 분투하고 있다고,
나도 여전히 달리고 있는 사람이라고,
그러니 내 사랑하는 형제들이여
그렇게 자신의 신앙을 한심하게 여기고 휘청거리며 넘어져
사랑하는 자신을 버리지 말라고.

사도 바울이 고백합니다.

"어떻게 해서든지 죽은 자 가운데서 부활에 **이르려 하노니**"
_빌립보서 3:11

그래요, 아직 다 이른 게 아니잖아요.
넘어질 수 있어요.
구원받은 이후에도 우리는 다시 넘어질 수 있어요.

왜냐하면, 우리는 이제 출발선에 선 것뿐이니까요.
우리는 다 달린 것이 아니잖아요.
우리는 달리고 있잖아요.
조금 느려도, 때로는 한 발자국이어도
아직 달리고 있잖아요.

예수 그리스도께서 십자가에 죽으시면서까지 나를 구원하신 이유는 나를 죄에 다시는 넘어지지 않는 완벽한 놈으로 만드시기 위해서가 아니라, 넘어질지라도 끝까지 다시 일어날 수 있게 하시기 위함이었어요.

노사연 가수님 노래에 이런 가사가 있더라고요.

"우리는 늙어가는 것이 아니라,
조금씩 익어가는 겁니다."

바울이 마치 이러는 것 같았어요.

"우리는 예수님 만나서 이제 너무 예쁘게 싹이 튼 열매야.
그리고 우리는 아주 조금씩 익어가고 있는 중이야.
그러니 잊지 마. 익어가고 있는 열매를
썩은 열매라고 버릴 농부는 세상에 없어."

그러니까 넘어졌던 그대여, 잘 들어요.

당신과 하나님과의 그 만남이 최면이었던 것이 아닙니다.
당신은 잘 익어가고 있는 겁니다.

대신 약속해요. 멈춰 서지만 마세요.
그 달리기를 포기하지만 마세요.

일부러 죄에 넘어지지는 말라는 겁니다.
아주 조금씩이라도 좋으니 싸우고 분투하고
끝까지 한 걸음이라도 하나님 아버지 앞으로,
나를 기다리고 계신 보혈의 피 앞으로 달려가자는 거예요.

믿음은,
내가 얼마나 화려한 믿음으로 이 길을 출발했느냐,
내가 얼마나 화려한 간증으로 멋지게 하나님 만나서
이 신앙의 길을 '시작'했느냐가 중요한 것이 아니라,

믿음은,
결국 초라했어도, 부끄러웠어도, 고개를 들 수 없었어도
연약했으나 결국 예수님 앞까지 도착해 있는
그 '끝'이 중요한 겁니다.

넘어진 것이 때배가 아니에다.
넘어진 자리에서 다시 일어나지 않는 것이
때배입니다.

너희 하나님
좋은 분 아니다

"야, 너희 하나님 진짜 좋은 분이냐?"

20살이 될 무렵, 미국으로 신학을 공부하러 유학을 떠나기 전날 저녁, 교회를 다니지 않던 오랜 친구와 밥을 먹게 됐는데 갑자기 그 친구가 저런 질문을 하더라고요. 그래서 기다렸다는 듯이 당당하게 대답했습니다.

"야, 당연하지. 그러니까 내가 미국까지 가는 거 아니냐."

그런데, 이놈이 그럽니다.

"아니? 내가 봤을 땐 너희 하나님, 좋은 분 아니다. 분명."

헤어지기 전 마지막 식사인데, 오랜 친구라는 놈이 내가 사랑하는 분에 대해서 다짜고짜 그렇게 말하니까 화가 정말 머리끝까지 차오르더라고요. 그래서 말했어요.

"이거 미친 놈 아니야?
네가 뭔데 내 하나님을 나쁜 분으로 만들어?"

나의 정색하는 표정에도 놀란 기색 하나 없이, 그 친구는 잠시 고민 뒤에 입을 열더라고요.

"미안하지만, 아무리 생각해도 네가 믿는 하나님은
좋은 분이 아니야.

**네가 믿는 하나님이 좋은 분이라면,
네가 나에게 자랑하지 않았을 리가 없어."**

고개를 들 수가 없었어요. 재빠르게 내 안에 익숙해져 있는 훈련된 멘트만 흘러나올 뿐이었습니다.

"야, 그건 네가 교회를 하도 싫어하니까! 내가 다 내 삶을 통해서 천천히 하나님을 보여줬던 거야, 인마. 그게 다 삶으로 전도하는 지혜로운 모습인 거야"라고 급히 변명은 했는데 그 친구가 그러더라고요.

"아니, 사랑하는 건 욕을 먹어도 자랑하게 되어 있어.
네가 좋아해서 굳이 여기 억지로 끌고 온 닭갈비집처럼."

눈물이 차오르더라고요.
'아, 기다리고 있었구나.
내가 놓치고 있었던 거구나.
주님을 나쁜 분으로 만들었던 것은 바로 나였구나.'

그래요. 사실 우린 점점 자신감이 없어져요. 예수님이 마지막까지 "내 증인이 되어주라" 부탁하고 가신 명령도 알고, 마음만큼은 우리 예수님 잘 전하고 싶은데, 내 현실을 보니 예수님을 자랑하기엔 너무 초라하고, 무섭고, 부담스러운 거예요. 나름 뜨거웠던 시절에는 그 사랑을 전하고 보여주려고 시도는 꽤 해봤던 것 같은데 그때 내게 돌아왔던 현실을, 그 차가움과 손해들을 내 영혼이 빠짐없이 기억하고 있어요. 그래서 겉으로는 아니라고 하지만, 사실은 그 상처들로부터 도망치고 외면하고 싶었던 거예요. 그래서 이런 멋진 말이나 입에 외우고 사는 거죠, 점점.

"지금은 시국이 아니잖아요, 주님? 저 때문에 괜히 주님을 욕먹게 할 수는 없잖아요! 대신 저는 삶으로 주님께 영광 올려드려요. 주님이 보내주신 직장에서, 맡기신 사역지에서 제가 얼마나 열심히 섬기고 있는지 다 아시지요? 요즘은 주님을 직접 소개하는 것보다, 이렇게 자연스럽게 삶으로 보여주는 게 세련되고 멋진 거라 배웠다고요. 그러다가 언젠가 때가 왔다 싶으면 그때 잘 전해도 늦지 않은 거 아니겠어요?"

하지만 어쩌면 우린 하나님의 마음을 알고도 그냥 피하고 싶었던 것은 아닌가. 사실 하나님이 욕을 먹는 것보다 내가 욕을 먹을 것이 두려웠던 것은 아닌가.

예수님은 제자들과 함께 이동하실 때 정확히 '사마리아'라는 길을 선택하셨습니다. 그리고 긴 사역으로 허기지고 지치셨던 예수님이 그대로 우물 곁에 털썩 앉아버리셨던 때였어요.

"거기 또 야곱의 우물이 있더라 예수께서 길 가시다가 피곤하여 우물 곁에 그대로 앉으시니 때가 여섯 시쯤 되었더라"
_요한복음 4:6

예수님의 모습에 놀란 제자들은 자기들이 혐오하는 사마리아 사람들의 동네로 들어가 이곳저곳 다니며 예수님을 위해서 열심히 먹을거리를 모아 왔는데,

얼마나 시간이 흘렀을까요? 돌아왔던 제자들 눈에 보였던 것은 이미 너무 행복한 얼굴에 배가 부르다 못해, 모든 것이 회복된 모습의 예수님이신 겁니다.

"제자들이 서로 말하되 누가 잡수실 것을 갖다 드렸는가"
_요한복음 4:33

아, 그곳에 예수님의 '진짜 배부름'이 있었어요.

욕을 먹어도, 비난을 당해도 상관없이 선택하신 길이었던 사마리아. 그 땅에 아무도 찾아줄 수도 잡아줄 수도 없어 홀로 울고 있던 잃어버려진 영혼, 사마리아 여인. 그 딸이 거기에 있었어요. 그 한 영혼을 찾아내셨던 예수님이 제자들에게 말씀하십니다.

"**내게는 너희가 알지 못하는 먹을 양식이 있느니라** … **나의 양식은 나를 보내신 이의 뜻을 행하며 그의 일을 온전히 이루는 이것이니라**"_요한복음 4:32, 34

내 기쁨은,
내 배부름은,
내 회복은,
너희가 열심히 들고 온 그 음식도 **빵**도 아니라
너희가 외면하지 않고 손잡아 데려오는
내 영혼들이야.

지금은 시기가 아니니 나중에 때가 되면 자연스럽게 예수님을 자랑하겠다며 숨겼던 우리에게 우리 예수님, 슬프셨음에도 이 말씀을 가르쳐주고 싶으셨던 것 같아요.

"너희는 넉 달이 지나야 추수할 때가 이르겠다 하지 아니하느냐 그러나 나는 너희에게 이르노니 너희 눈을 들어 밭을 보라 희어져 추수하게 되었도다"_요한복음 4:35

그 언젠가 돌아가게 될 본향에서 우리 예수님 얼굴 뵙게 될 그날, "짧았던 너의 나그네의 여행은 어떠했느냐"라고 물으실 때,

"예, 주님! 제가 이렇게 주님 위해서 열심히 살면서 엄청나게 모아 왔어요. 주님 위해서 성공도 남부럽지 않게 했고, 주님 기쁘실 만큼 멋진 업적들도 많이 세우고 왔어요! 주님도 제가 챙겨왔던 것들에 엄청 배부르셨죠! 제가 열심히 살면서 모아온 저의 음식과 빵들이에요. 주님 잔뜩 영광 받으세요."

이런 고백 말고,

"주님, 제가 사실은 너무 부끄럽게도 많이 부족해서 주님 위해 대단한 것 하나 들고 오지 못했어요. 잘하다 오고 싶었는데, 능력이 많이 부족해서 멋진 것 하나 못 들고 왔어요. 그런데요, 저 진짜 주님 엄청 열심히 자랑하다 왔어요. 너무 사랑하는 만큼 자랑했는데요, 진짜 욕도 많이 먹었어요. 그런데, 그것도 너무 달콤했어요. 당신을 위해 버려질 수 있었던 그 시간들이 저에게 다 자랑이었어요. 믿고 보내주셨던 짧은 여행, 주님만 자랑하다 왔습니다. 큰 성공도, 많은 돈도, 멋진 것도 제대로 하나 들고 오지 못한 인생이지만 여기 제가 끝까지 붙잡으려 했던 당신의 잃어버린 양이에요. 주님, 영광 받아주세요."

하며 주님 웃게 해드릴 수 있는 그 마지막을 꿈꿉니다.

잊지 말아요.
애초부터 내 성공과 복으로
예수님을 자랑하는 게 아니잖아요.

세상이 기다린 것은
'예수 믿고 복 받은 사람들'의 이야기가 아니라
'예수 믿는 것이 복인 사람들'의 이야기입니다.

우리 예수님, 배고프세요.
나를 배부르게 해주셨던 주님,
이젠 내가 배고프시지 않게 할 수 있길….

그렇게 예수님을 위해서,
예수님을 말하고 싶어서,
예수님을 지키고 싶어서
두려웠지만, 상처였지만, 도망치고 싶었지만
버려졌던 모든 순간마저 품었던 당신에게
우리 예수님 이렇게 말씀하지 않으시겠어요?

"너도 그렇게 나의 배부름이었다."

아가,
내가 너의
자랑이었으면 좋겠다.

낭비   하나님,   권태기
                      사실 많이
                      갑갑합니다

Part 2

내가 만난 건
터널이 아니라
동굴이었다

악인들의 형통 앞에
질문하다

이겼다 생각했던
아픔이 다시 내게
말을 걸었다

낭비

'이유를 모르겠는데, 분명 너무 기쁨으로 시작했던 길인데 이제는 다 하기 싫다. 억지로 섬기는 것도, 억지로 사랑하는 것도 지쳤고, 이제는 다 뒤로하고 도망가고 싶다. 사실 아깝다. 낭비되는 것 같은 이 모든 시간이.'

그래서 어느 날 문득 우리 안에 이런 솔직한 마음이 들어와 버리는 거죠.

'주님, 솔직히 이제 저 그만 섬기고 싶어요.
이게 다 낭비 같아요.'

미국 유학 시절, 대학 때부터 친하게 지냈던 형님이 한 분 계셨습니다. 제일 중요한 졸업학기를 앞두고 저희 둘 다 논문 쓰기에 너무 바빴어요. 그런데 마지막 학기에 형님의 한국 '여자 사람 친구'가 형의 학교로 유학을 넘어왔다는 겁니다. 그 중요한 마지막 학기에 얼마나 열심히 그 여사친의 미국 적응을 도와주던지, 강의도 안 들어가고 이사를 도와주러 가기도 하고, 논문도 안 쓰고 매일 장을 보러 운전을 해주고 말이죠. 그래서 제가 형에게 한심한 마음을 담아 문자 한 통을 보냈던 기억이 납니다.

"형, 가장 중요한 시간에 너무 '낭비'하는 거 아니야?"

그런데, 2개월 뒤에 둘이 결혼한다고 청첩장을 가지고 왔어요. 그래서 제가 이렇게 문자를 다시 보냈던 기억이 나요.

**"형, 그게 '낭비'가 아니었네.
평생의 사랑을 잡기 위한 '헌신'이었네."**

아, 그리고 동시에 그때 제가 깨닫게 됐어요.

'낭비'가 '사랑'을 만나면 '헌신'이 되는 것이고,
'헌신'이 '사랑'을 잃으면 '낭비'가 되는 것이구나.

우리에게는 그런 때가 옵니다. 내가 하나님께 드리는 시간이, 예배와 기도가, 헌신이, 섬김이 정말 솔직하게 아까워지고 귀찮아지면서 낭비라 여겨지는 그날이 정말 갑자기 찾아와버려요. 나도 이제는 영혼들 돌보고 섬겨야 한다는 이유로 억울하게 그만 참고 싶고, 내 할 말 다 하면서 화도 내고 돌봄 받고 싶고, 미워 죽겠는 원수를 대놓고 미워도 하고 욕도 하고 용서하지 않으며 살고 싶다고요.

분명 나도 기쁨으로 시작했던 것 같은데 이젠 정말 섬겨야 하는 이 자리가 너무 버거워졌고, 늘 하나님 때문에 내가 져줘야 하고 용서해야 하고 사랑해야 하는 이 자리가 이골이 나기 시작했다고요. 그래서 우리는 기도하고 물어요.

"하나님, 그만 섬기고 싶을 때는 어떻게 해요?
이제 그만 사랑하고 용서하고 싶은데 저 어떡해요?"

부활하신 예수님이 제자들을 떠나시기 전, 베드로를 만나서 양을 치고 먹여줘야 하는 그 사역과 사명을 맡기시는 시간이 옵니다. 그런데 그때 대화가 조금 이상해요.

"요한의 아들 시몬아 네가 '나를' 사랑하느냐?"
"예, 주님. 제가 주님을 정말 사랑해요."
"그래, 됐다. 내 '양'을 먹여줘라."_요한복음 21:17 참고

아니, 양을 맡기시는 거라면 "너 저 양들 사랑해? 죽기까지 아껴줄 수 있어? 그게 신앙이고, 그런 길을 사명이라 하는 거야! 네가 죽기까지 저들을 먹여줄 수 있어야 하는 거야. 그러니까 너 지금 저 양들 분명히 사랑하지?" 이렇게 물어보셔야 하는 거 아니겠어요?

그런데 예수님이 베드로에게 남겨주고 싶으셨던 마지막 교훈은 조금 달랐던 것 같아요. 예수님과 시작했던 그날의 '사랑'이 사라지는 날, 베드로의 그 길이 어느 날 '낭비'처럼 느껴지게 될 것임을 아셨던 거예요. 그래서 물으신 거죠.

"아가, 너 '나' 사랑하지?
그럼 네가 '저들'에게 가줘."

낭비 같아지는 그날이 오는 날에는, 섬김이 지치고 억울한 그날이 오는 날에는, 당신이 그날 당신의 갈릴리에서 만났던 예수님을 더욱더 사랑하는 겁니다.

**'낭비'는 다시 '사랑'을 기억해 낼 때
'헌신'이 됩니다.**

사탄은 우리가 기쁨으로 시작했던 그 사랑에 '계산기'를 주고 간다고 해요. 사랑에 계산이 섞이는 순간, 그래서 내가 넣은 만큼 돌려받지 못하면 이 시간이 억울하겠다 하는 순간,

그것은 내가 하나님을 '사랑'한 것이 아니라
하나님께 '투자'를 한 겁니다.
그러니, 사탄이 주고 간 그 '계산기'를 버리세요.

원래 사랑은 계산하지 않고 기꺼이 낭비할 수 있는 거였으

니까요. 그래서 그날 우리가 그리스도의 바보가 되는 그 길을 선택한 것 아니겠습니까? 잊지 말자고요.

힘들지 않을 리 없는 길이였다.
그러나, 기쁘지 않을 리도 없는 길이였다.

하나님, 사실 많이
갑갑합니다

우리가 사실 이 시대에 신앙생활을 하면서
어떤 마음이 들어와요?

'하나님 사랑해요, 하나님 의지해요, 하나님 믿어요, 저!'

동시에 이런 마음도 들어와요.

'그런데 돈도 좀 의지해야 삶이 편하고 하나님 일도
하지 않을까요? 하나님도 믿지만 사람들도 좀 믿어야
하나님이 주시는 기회를 잡지 않을까요?'

하나님이 이 종말의 때를 살아가는 우리를 향해 경고하시고 예언하신 우상들의 새로운 이름이 있습니다. 다음은 하나님이 말씀하시는 새로운 우상들의 이름입니다.

"너는 이것을 알라 말세에 고통하는 때가 이르러 사람들이 **자기**를 사랑하며 **돈**을 사랑하며 자랑하며 교만하며 비방하며 부모를 거역하며 감사하지 아니하며 거룩하지 아니하며 … 배신하며 조급하며 자만하며 **쾌락**을 사랑하기를 하나님 사랑하는 것보다 더하며 경건의 모양은 있으나 경건의 능력은 부인하니 이같은 자들에게서 네가 돌아서라"
_디모데후서 3:1-2, 4-5

말세가 될 때 우리가 양다리 걸칠 우상들의 새 이름은 바로, '자기'와 '돈'과 '쾌락'입니다. 자기 사랑함과 돈 사랑함과 멈출 수 없는 쾌락이 주는 중독에서 사실 우리는 종교의 가면으로 가리며 버티고 있지만 결국 언젠가 느끼고 마는 것 같아요. 즐거움과 기대감으로 뜨겁게 시작한 신앙의 길이지만 이 신앙의 연륜이 길어지면 길어질수록 **그분이 요구하시는 사랑이 점점 내게 벅차지고 있다는 것을.**

예수님 믿게 되면서 더 막히는 게 많고, 마음에 혼란도 더 많고, 상처도 더 많아지는 것 같아요. 나를 찾아오시고, 나를 위해 오신 거? 그건 나도 너무 잘 알겠는데, 이상하게 그 사랑과 가까워질수록 그 사랑에 맞춰가야 하는 내 삶과 현실은 너무 갑갑해져요.

이거 이렇게 사랑하는 게 맞는 건가? 이거 이렇게 살아가면 믿음으로 승리하는 건가? 그런데 이렇게만 생활하면 다 망할 것 같은 불안함이, 그 흔들리는 두려움에 미칠 것 같은 갑갑함이 밀려와요. 그래서 교회에서 기쁨이라고 말하며 매주 찬양하고 웃고 울고 하는 이 예수님과 함께하는 삶이 **나한테는 사실 언제부터인가 '갑갑한 사랑'이 되어버렸다 이 말입니다.**

10대 때 대학 생활을 했던 저는 어느 날 부모님의 똑같은 조언과 간섭이 힘들었나 봐요. 나도 나를 모르겠는데, 아무것도 모르면서 매일 반복하시는 간섭이 갑갑했어요. 울분이 터져 멘토 교수님을 찾아가 사정을 말했거든요. 근데 교수님이 그러시더라고요.

"교수님이 진짜 모르겠어서 그러는데, 질문 하나만 하고 가도 되나?"

"네, 교수님. 물론이죠."

"부모가 내 아들한테 간섭하듯 조언해 주면… 그거 잘못인 거야? 하나밖에 없는 아들한테 조언도 못 해준다면 그 인생 너무 외롭겠다, 야."

"아 잘못은 아니죠…."

당황해하는 제 표정을 보면서 교수님이 웃음 띤 얼굴로 말씀하십니다.

"네가 그 갑갑한 사랑을 완전히 이해하게 될 날에는
이미 그 갑갑함을 줬던 분들은 네 곁에 없을 거야.
아무리 기다려도 새로 채워지지 않는 냉장고 반찬통들을
마주하게 될 때야 알게 되더라.

그 '갑갑함'이 사랑이 옆에 있던 증거였음을.
그렇게 갑갑할 정도로 전부를 걸고
널 지켜주고 있었던 사랑이었음을.

성인이 되면 사람은 부모님의 직접적인 간섭을
받을 수 있는 시간의 93퍼센트를 쓴 거라고 하더라.

갑갑하지 않잖아?
이미 그 사랑받을 시간이 끝났다는 거래.
그러니까 지금, 가장 가까이, 사랑받고 있는 거야."

예수님이 이 땅에 오셔서 주님과 우리의 관계를 포지셔닝 하셨습니다.

"나는 참포도나무요 내 아버지는 농부라 … **나는 포도나무요 너희는 가지라** … 나를 떠나서는 너희가 아무것도 할 수 없음이라"_요한복음 15:1, 5

하나님은 농부, 예수님은 포도나무, 그리고 나는 가지다.

나는 나무이신 예수님과 매일 딱 붙어 있지 않고는 아무것도 낼 수 없는 존재다.

우연히 포도나무 농사 전문가의 강의를 듣게 됐어요. 포도나무와 가지는 반드시 '접붙임'의 과정이 이루어져야 한다고 합니다. 대목은 접목을 완벽히 받아주기 위해서 칼로 몸이 반으로 갈라진다고 해요. 바로 그때, 정말 숨 막힐 정도로 접목 가지를 대목 가지 안에 넣고 테이프로 칭칭 감습니다. 그러면서 전문가님이 그러시더라고요.

"빈틈없이 딱 맞아야 혀. 접목한 부위가 틀어지지 않도록.
바람 한 점 안 통하게 꼼꼼하게 감싸줘야 혀.
대목과 딱 맞았던 것이 나중에 조금이라도
틀어져 버린다거나 대충 헐겁게 감아서 접목의 수분이
말라버리게 된다면 그때 가지는 죽는 거여."

아,
그 갑갑함은 나무의 '사랑'이었어요.

"그 사랑이 이렇게 널 갑갑하게 하는데 그게 맞는 사랑이야? 그분은 너를 있는 모습 그대로 사랑한다면서 왜 가만히 두질 않으시는 건데? 네 현실을 아시면서 널 왜 그렇게 혼란스럽게 놔두고 힘들게 옭아매시려는 건데? 그게 사랑이야?"라고 세상이 나를 향해 속삭일 때 기억하는 거예요.

**갑갑하지 않으면
가지는 반드시 죽습니다.**

틈 없이 안으시고 감싸셔야 했던 겁니다.

"아가,
그렇게 널 안았어야 해.
그렇게 널 지켰어야 해.
올 한 해도 널 갑갑하게 했던 내가
밉지 않았으면 좋겠다."

그래서 신앙이란,

하나님이 '나의 현실'을
바꾸어주시는 것이 아니라
그 현실을 통해 '나를'
바꾸시는 시간을 경험하는 것입니다.

권태기

어느 교회에 초대를 받아 메시지를 전하러 갔거든요? 교회 강사 대기실에 앉아 있는데, 그 교회의 유치부로 보이는 한 남자아이가 대뜸 대기실 문을 열고 들어오더니 자기 손에 들고 있는 찰흙을 조용히 내밀더라고요.

그런데 그 찰흙이 이미 너무 딱딱하게 굳어 있는 거예요.

뭘 만들어보고 싶어도, 새로 시작하고 싶어도, 이미 너무 딱딱하게 굳어버려서 더 이상 방법이 없어 보이는 거죠. 아이가 어떤 도움을 바라고 왔는지 알 수 있었지만 도무지 방법이 없어 보였기에 말했습니다.

"아가, 아저씨가 미안해. 이건 이미 못 써. 너무 딱딱하게 굳어버려서 다시 사용할 수가 없어. 선생님한테 가서 새로 달라고 해야 해. 이건 버리고 새 찰흙으로 다시 예쁘게 만드세요."

하고는 아이를 복도 끝까지 데려다주고 다시 대기실로 돌아왔는데, 이 아이가 다시 쫓아와서 문을 열고는 또 다 굳어버린 찰흙을 내미는 거죠.

"아가, 이건 아저씨가 아니라 선생님한테 가서 새로 하나 달라고 해야 한다니까? 이거는 이제 굳어서 못 쓰는 거야. 버려야 하는 거야."

그때 그 아이가 처음으로 입을 열고 그러더라고요.

**"아니야, 원래는 안 이랬어.
잠깐 놀고 왔는데 이렇게 됐어.**

이거 아니면 안 돼.
도와줘…."

반말을 찍찍 하는 게 맘에 들진 않았지만, 굳어버린 찰흙으로 다시 시작하고 싶어서 도와달라 매달리는 그 아이의 눈빛이 왠지 모르게 그렇게 사랑스럽더라고요. 안 되는 걸 보여줘야 떨어지겠구나 싶어서 아이를 끌고 직접 교회 화장실로 가봅니다. 그리고 따뜻한 물을 틀고 손으로 있는 힘껏 찰흙을 적셔가며 문지르고 주물러봅니다.

와 역시, 죽을힘을 다해서 눌러보는데 꿈쩍도 하지 않았어요. 그런데 아이가 절대 옆에서 떠나질 않고 기대하는 눈으로 쳐다보고 있으니까 예배 시작 시간이 15분밖에 안 남았는데도 온 힘을 다해 다시 표면부터 천천히 물을 발라 만져보기 시작합니다.

그런데
돌아오는 거예요.
다시 부드러워지는 거예요.

뿌듯한 마음으로 아이에게 넘겨주면서 "아저씨한테 다시 오면 언제든지 또 도와줄게" 했는데 고맙다는 말 한마디 없이 그냥 사라지더라고요.

그런데 그렇게 아이가 떠나고 세면대 거울 앞에 내 모습이 보이는데 갑자기 마음이 쿵 하고 무너지면서 눈물이 쏟아지더라고요.

**'아, 내 모습이었다.
그래서 저 아이를 보내셨구나.'**

그때 이 찬양을 눈물 쏟으며 거울 앞에서 계속 불렀던 기억이 나요.

십자가 그 사랑 멀리 떠나서
무너진 나의 삶 속에 잊혀진 주 은혜
돌 같은 내 마음 어루만지사
다시 일으켜 세우신 주를 사랑합니다

그래요, 내가 얼마나 큰 사랑을 받았었는지 이 머리로는 다 알고 기억하는데 내 이 마음이 딱딱하게 굳어버려서 무감각의 상태에 빠져 벗어나지 못하는 날이 와버려요. 하나님의 사랑? 십자가 사랑? 내가 어떻게 모르겠어요! 내가 그걸 얼마나 잘 아는데요. 내가 그걸 얼마나 아이들에게 잘 가르쳐주는데요. 내가 그걸로 얼마나 많은 노래를 불러왔고 연주했는데요.

**그런데 정말 잠깐 떨어졌다 온 것 같은데
도무지 딱딱하게 굳어버린 이 마음이
변하질 않는 거예요.**

이런 신앙이 잘못된 것이 아닐까 싶어서 더 자극적인 신앙의 무엇인가를 찾아 나서기 바빠져요. 다시 시작할 수 없을 것만 같은, 다시 만들어질 수 없을 것만 같은 무서운 멈춤의 날, 권태기.

**가장 먼저 당신이 해야 할 일은,
절대 이상하게 여기지 않는 겁니다.**

그리고 절대 멈추지 말고,
복도 끝까지 쫓아 달려왔던 그 아이처럼
단단하게 변해 버린 찰흙을 들고
부끄러워 말고 예수님께 달려가 보는 거예요.

**마음이 굳어버려서 기도를 못 하겠으면,
마음이 굳어버린 것을 기도하면 되는 겁니다.**

때론 모든 것이 권태로워져서 그 절망스러운 터널 속에서 멈추거나, 숨거나, 사라져 버리길 바라며 결국 하나님을 포기하려는 선택을 하는데, 포기는 그렇게 하는 거 아닙니다.

**하나님을 포기하지 말고,
하나님께 포기하는 겁니다.**

영어로 포기하다는 'give up'이잖아요. 저는 유학 시절에도 영어를 그렇게 잘하는 학생이 아니다 보니, 저 단어를 들으면 그냥 단순히 보게 되더라고요. 아, 진짜 포기는 드리는(Give) 것이구나, 위로(Up).

위에 계신 분에게
내 포기와 멈춤의 권태마저 드려버리는 것.
하나님'을' 포기하는 것이 아니라
하나님'께' 내 포기를 올려드릴 수 있는 것.

그것이 하나님이 바라는 포기예요.
그래서 이렇게 말씀하신 게 아닐까요?

"**Give** all your worries and cares **to God**,
for he cares about you"(NLT)
"너희 염려를 다 주께 맡기라
이는 그가 너희를 돌보심이라"_베드로전서 5:7

제가 시를 참 좋아하는데
이산하 시인의 〈나무〉라는 시가 생각이 나더라고요.

"**나를 찍어라**
그럼 난 네 도끼날에
내 향기를 묻혀주마"

예수님의 마음 같았거든요.

"너의 굳은 가시가 나를 찍어도 좋다.
너의 못난 칼날이 다시 나를 찔러도 좋다.
너의 차가움이 나를 또 아프게 해도 괜찮다.
그저 내게 아낌없이 들어와라.
그럼 난 굳어버린 너에게
내 보혈을 묻혀주마."

마음이 굳어서 기도를 못 하겠다면
마음이 굳어버린 것을 기도하면 되는 겁니다.

내가 만난 건
터널이 아니라 동굴이었다

**"당신은 터널을 만났으니까 그렇게 말할 수 있지.
내가 만났던 것은 터널이 아니라 동굴이었어."**

어느 대학 채플에 초대를 받아 설교를 마치고 내려왔는데, 그 자리에 있었던 한 학생이 보낸 SNS 메시지 내용이었어요. 설교 끝에, "여러분, 끝이 없는 터널은 결국 없는 겁니다"라고 나눴었는데 이 문장이 그 학생에게 상처와 분노로 다가왔던 것 같습니다.

맞아요, 사실 다들 이 슬픔은 분명 끝이 있을 테니 걱정하

지 말라고 말들은 하는데,

'아니, 내가 걸어가고 있는 것은 터널이 아니라
결국 막혀 있는 동굴이었던 거구나'

라는 생각에 더는 나아갈 힘도, 나아갈 길도 보이지 않는 그런 시간이 우리 모두에게 찾아오는 것 같아요.

전도서 기자의 말처럼 내 이해와 믿음을 벗어나 버린 이 말도 안 되는 상황 앞에서, 대체 하나님이 무슨 일을 하시려는 건지 도무지 알 수 없는 '방황의 시간'을 맞이하는 동굴 속 나를 만나게 되는 거죠.

"또 내가 하나님의 모든 행사를 살펴보니 해 아래에서 행해지는 일을 사람이 능히 알아낼 수 없도다 **사람이 아무리 애써 알아보려고 할지라도 능히 알지 못하나니** 비록 지혜자가 아노라 할지라도 능히 알아내지 못하리로다"_전도서 8:17

지난겨울에 강원도로 사역을 가게 됐는데, 버스 터미널로

픽업을 와주셨던 강원도 교회의 집사님 차를 타고 양양터널을 지나가던 때였습니다. 와, 길이가 정말 길어도 무섭게 길더라고요. 그때 집사님께서 알려주셨는데, 이 끝이 안 날 것 같은 터널은 무려 11km를 들어가야 빛이 들어오는 끝 지점에 도착한다고 하더라고요. 그런데 이 터널 하나로 서울에서 강원도까지 가는 시간이 1시간 30분 줄었다는 겁니다. 그 말을 들으며 어둔 길을 가만히 보는데 그런 생각이 들더라고요.

'아, 내가 어느 날 어두운 길을 만났다는 것은
분명 내가 산을 뚫고 있는 중인 것이구나.
그리고 지금은 이해되지 않는 이 어둠은
하나님이 인도하시는 목적지를 향하여
반드시 나를 가장 빠르게 인도하는 길이 되는구나.'

그런데 갑자기 그 집사님께서 재미있는 질문을 던지셨습니다.

"혹시 터널이 어떻게 만들어지는지 좀 아십니까?"

저는 단 한 번도 들어본 적도, 아니 생각을 해본 적도 없던 내용이었어요. "그냥 좋은 장비들로 산 하나를 열심히 뚫으면 되지 않을까요?"라고 대답을 했더니 집사님이 그러시더라고요.

"터널은 신기하게도 산의 '양쪽'을 뚫으며 시작됩니다. 결국, '두 동굴'이 만나는 것이죠."

그때 처음으로 신기한 도구들과 기술 이름들을 다 들었어요. 발파, 버럭 제거, 숏크리트, 지보, 락볼트, 와이어매쉬 등등의 순서로 산의 양쪽에서 서로 시간을 두고 작업하던 두 '동굴'이 만나 '터널'이 된다고 합니다. 그때 무릎을 치며 생각하게 됐어요.

'아, 터널도 결국 동굴이었구나.'

내가 잘 뚫고 가던 동굴의 끝에 갇히는 그날이 오면
내가 갈 힘이, 갈 길이 더는 없는 것 같은 그날이 오면
결국 하나밖에 없는 겁니다.

'나의 갇힌 동굴'을 향하여 뚫고 오고 계시는
'하나님의 동굴'을 기다리는 겁니다.

그렇게 만나는 겁니다.

**내가 뚫고 가다가 주저앉게 된 동굴과
하나님이 뚫고 와 주시는 동굴이 만날 때
가장 완벽하게 인도해 주시는 터널이 완성되는 겁니다.**

"생각하건대 현재의 고난은 장차 우리에게 나타날 영광과 비교할 수 없도다"_로마서 8:18

'역경'의 반대말은 '경력'이래요.

'역경'인 줄 알았는데 나의 동굴이 그분이 내게 달려오시는 동굴과 만나게 되는 그날, 그 역경이 '경력'이 되게 하시는 겁니다.

노예에서 국무총리가 됐던 요셉 아시죠? 믿었던 가족들로부터 노예로 팔려 억울한 성추행범 죄수로 감옥에 가기까지 그 막막한 어둠의 시간 11년. 그런데 그가 마지막 희망의 빛줄기 같은 기회, 술 맡은 관원장을 만나게 되지 않습니까? 억울했던 나의 동굴에 마지막 빛줄기를 뚫어줄 그 사람을 붙잡아보는 거예요. 내 도움으로 다시 관직의 자리에 복귀한 그의 연락을 감옥에 앉아 하염없이 기다려보아요.

그러나 그 관원장은,
"그를 잊었더라"_창세기 40:23

그렇게 마지막 희망을 걸었던 길마저
꽉 막혀버린 동굴 속 2년의 시간,

하나님은 그의 잊힌 시간 속에서
가장 완벽한 꽃을 피우고 계셨습니다.

그리고 하나님이 그 꽃을 들고 요셉의 동굴을 향하여 하나님의 동굴을 뚫고 가셨던 그날, 요셉은 변함없이 보냄 받은 그 자리에서 최선을 다해 성실함으로 감옥의 자리를 지키고 있는 거예요. 하나님이 뚫고 오신 동굴이 그의 동굴을 찾아오게 된 그날, 요셉은 그 자리에서 어디 가지 않고 잘 기다리고 있었던 겁니다.

요셉은 자신의 동굴 끝을 만난 그날,
모든 희망과 길이 끊겼던 그 마지막 지점을 만난 그날,

끝까지 믿은 겁니다.
내가 동굴을 만났다는 것은
내가 지금 산을 뚫고 있다는 것임을.
나는 이 어둠 속에서 아무것도 볼 수 없지만,
그분이 계획하신 목적지를 향해 가장 빠르게
그리고 가장 바르게 가고 있는 것임을.
그분의 발걸음이 내게 달려오고 계심을.

유학 시절에 존경하는 담임목사님께 들었던 이야기인데, 지리산에서 밤에 길을 잃었을 때 해야 하는 행동수칙이 하나 있답니다. 더는 갈 길도 보이지 않고, 갈 힘도 남아 있지 않을 때 살 수 있는 방법이래요.

호루라기.

'절대로 돌아다니지 말고 그 자리에서 호루라기를 불며 기다려라.'

그래서 지리산 필수장비가 가장 큰 소리로 울리는 호루라기래요. 길이 있을 줄 알았는데, 잘 가고 있다고 생각했는데 내 생각과 믿음을 벗어나 버린 현실 속 동굴 끝에 갇히게 되는 그날, 그 자리에서 어디로도 도망치지 말고 가장 크게 나의 호루라기를 울리라는 겁니다.

"주님,
힘내고 싶었는데 더는 갈 힘도, 갈 길도 보이지 않아요.
저 여기서부터 누구의 소리도 따라가지 않고 기다릴게요.
그러니 제발 저를 찾아와 주세요.
제 동굴에 달려와 주세요."

홀로 있던 나의 동굴에 하나님이 뚫고 오신 동굴이 들어오는 그날, 우리도 고백할 수 있지 않겠습니까.

"곧 그들이 가려던 땅에 이르렀더라"_요한복음 6:21

아까 그 학생에게 제가 보낸 답장입니다.

"나의 동굴과, 내게 오고 있는 동굴이 만나
터널이 된다고 합니다.
'그대는 하나님이 뚫고 오시는 동굴을 혹시 만난 적이 있는가.
아니, 하나님이 뚫고 오고 계신 동굴을 기다린 적은 있는가.'
꼭 달려오고 계신 하나님을
그 동굴 끝에서 만날 수 있기를 기도하겠습니다."

"The appointed time has come"
— 시 102:13

그분의 시간이
내게 오고 있습니다.

악인들의 형통 앞에
질문하다

"무릇 하나님께로부터 난 자마다 세상을 이기느니라 세상을 이기는 승리는 이것이니 우리의 믿음이니라"_요한일서 5:4

우리가 가진 이 믿음이 세상을 이기는 믿음이래요.
그런데 우리 솔직하게,

진짜 내 믿음이 이 세상을 이기는 것 같나요?

하나님 때문에 착하게 살아보려고 하면 힘 있는 사람들이 다 가져가고, 악한 놈들이 더 떵떵거리며 잘 살고, 있는 놈

들만 더 행복한 것 같고, 믿음이 세상을 이기기는 무슨…

**그 악인들의 형통 앞에서
내 믿음에 미칠 것 같은 의심이 올라와요.**

'주님, 제가 이 정도 교회를 섬기고, 이 정도 기도하고, 이 정도 세상 친구들 부러워하지 않고, 이 정도 하나님을 섬겼으면 하나님이 저 좀 도와주셔야죠.'

하박국 선지자에게도 이런 솔직한 의심의 분노가 타오르는 날이 왔었나 봐요.

"**살려 달라고 부르짖어도** 듣지 않으시고, '**폭력이다!' 하고 외쳐도** 구해 주지 않으시니, 주님, 언제까지 그러실 겁니까? 어찌하여 나로 불의를 보게 하십니까? **어찌하여 악을 그대로 보기만 하십니까?** 약탈과 폭력이 제 앞에서 벌어지고, 다툼과 시비가 그칠 사이가 없습니다. 율법이 해이하고, 공의가 아주 시행되지 못합니다. 악인이 의인을 협박하니, 공의가 왜곡되고 말았습니다."_하박국 1:2-4(새번역)

여호와 시대에 한 획을 그었던 한 선지자의 눈물이자, 끝없는 자신 안의 의심과의 싸움이었던 거예요. 그렇다면 그 속상함에 대한 우리 하나님의 대답은요?

"의인은 그의 **믿음으로 말미암아 살리라**"_하박국 2:4

지금 이 책을 읽고 있는 그대, 솔직히 "아멘"이 나오셨나요? 고개가 끄덕여졌나요? "하나님, 이 억울한 불의를 보시라고요!" 이러고 있는데 "아니, 넌 그래도 믿음으로 살아야지"라고 하시는 거예요! "아멘!"은커녕, 어떻게 우리의 인생 속에 판치고 있는 악인들의 불의에 이렇게 무관심하실 수 있는지 억울하기까지 하다니까요.

그때, 같은 마음으로 울고 있던 한 찬양 사역자가 보이는 겁니다. 다윗 왕의 장막에서 예배의 찬양 인도를 맡았던 '아삽'이라는 악장이었습니다. 잠드는 시간 외에는 대부분 찬양 가운데 있었던 그의 마음 한가운데에도 질문과 의심이 치밀어 올라옵니다.

"하나님이 참으로 이스라엘 중 마음이 정결한 자에게 선을 행하시나 **나는 거의 넘어질 뻔하였고** 나의 걸음이 미끄러질 뻔하였으니 이는 **내가 악인의 형통함을 보고 오만한 자를 질투하였음이로다** 그들은 죽을 때에도 고통이 없고 그 힘이 강건하며 사람들이 당하는 고난이 그들에게는 없고 사람들이 당하는 재앙도 그들에게는 없나니"_시편 73:1-5

"**살찜으로 그들의 눈이 솟아나며 그들의 소득은 마음의 소원보다 많으며**"_시편 73:7

"볼지어다 **이들은 악인들이라도 항상 평안하고 재물은 더욱 불어나도다**"_시편 73:12

"내가 내 마음을 깨끗하게 하며 **내 손을 씻어 무죄하다 한 것이 실로 헛되도다** 나는 종일 재난을 당하며 아침마다 징벌을 받았도다"_시편 73:13-14

그는 정말 그 속상함에 울고 싶었던 거예요.

"주님, 저 정말 이러기 싫은데요…
주님을 위해 죄와 싸우며 사역해 온 제 삶이 너무 허무해요."

그때 하나님께서 그에게 분명한 사실 하나를 알려주십니다.

"내가 어쩌면 이를 알까 하여 생각한즉 그것이 내게 심한 고통이 되었더니 하나님의 성소에 들어갈 때에야 **그들의 종말을 내가 깨달았나이다**"_시편 73:16-17

자신도 의심하기 싫은데, 그런 의심을 할 수밖에 없는 속상함에 갇혀 있는 그에게 하나님이 그 악함의 '종말'을 보여주셨다는 것입니다.

"아들, 지금은 다 이해가 되지 않고 어렵겠지만
내가 악을 어떻게 처리하고
그 선함을 지킨 마음을 어떻게 껴안아 내는지
그 악을 반드시 기억하며 어떻게 판결하고 이끄는지
그 선한 싸움을 지킨 이를 어떻게 책임지고 이끌어가는지
믿음의 끝에 어떤 하나님 나라가 기다리고 있는지 믿어주라.

절대 네 믿음을 실망시키지 않을 거다.
믿음이 결국 이긴다."

아, 우리에게는 그 최후 마지막이 반드시 있구나.
내 모든 것을 아시고 반드시 기억해 주시는
하나님께로 돌아가는 그 소망이 있구나.
그 소망이 우리의 믿음을 세상이 이기지 못하게 하는구나.

억울해 보이는 이 세상 앞에 의심의 불꽃이 일어나더라도,
의심이 죄가 아닙니다.
그 의심을 '어디서' 다루냐가 문제인 것입니다.

이스라엘의 의심이 심각한 죄로 커져 갔던 이유는 그 의심을 자신들 안에서 키워 나가고 자신들이 확신했거든요.

그대에게 의심이 올라오는 날에는
그 의심을 하나님께 올려드리세요.
그대에게 의심이 질문하는 날에는
그 의심을 하나님께 질문하세요.

**그대에게 의심이 소리칠 때는
그 의심을 하나님께 부르짖어 봐요.**

하박국 선지자처럼, 다윗처럼, 아삽처럼, 도마처럼요.

"주님, 저 괴로워요. 이 의심이 나를 집어삼켜서 죽겠어요.
그러니까 저의 이 의심을 주님이 들어주세요.
믿음이 결국 이김을 저에게 알려주세요."

**그렇게 십자가를 만난 우리의 '의심'은
그날 소망을 향한 '결심'이 될 것입니다.**

당장 오늘의 억울함과 속상함에 대한 모든 해답을 알 수는 없지만, 우리는 오늘 우리의 질문을 향한 변함없는 아버지의 마음을 가슴에 기억합니다.

**"절대, 네 믿음을 실망시키지 않을 거다.
잘 봐라, 결국 믿음이 이긴다."**

절대, 네 마음을 실망시키지 않을거다.
좀 봐라. 끝리 믿음이 야간다.

이겼다 생각했던 아픔이
　　　다시 내게 말을 걸었다

다시 찾아와 버린 불안의 밤.

이겼다 생각했던 내 죄악이
다시 나에게 말을 걸어오는 날.
이젠 극복했다 생각했던 내 아픔이
또다시 내 속을 괴롭히는 날.
정말 사라졌다 생각했던 내 옛사람이
또 내 안에서 태어나는 그날.

분명 십자가 앞에서 다 이겨주셨다 생각했던 아픔들이 해

결되지 않고 다시 내 안에서 멀쩡하게 일어나 나의 밤을 괴롭혀 오는 날이요.

그 십자가 사건의 밤, 이렇게 우리를 홀로 두고 죽으시면, 정말 그렇게 없어져 버리시면 '이 길을 내가 정말 계속 갈 수 있을까' 하며 빈 십자가 자리를 지키는 시간들이 무서워져 갈 때, 예수님이 다시 살아나 제자들의 '불안의 밤'으로 찾아오셨어요. 그리고 불안하고 두려워져 버린 내 마음은 도대체 아시기는 한 것인지 그저 밝게 말씀하시는 거예요.

"잘 있었느냐.
네가 평안했느냐."

"예수께서 그들을 만나 이르시되 평안하냐"(개역개정)
"잘 있었느냐"(쉬운성경)_마태복음 28:9

그래요.
부활을 만난다는 것,
그것은 분명 나의 밤이 '평안'할 수 있다는 뜻입니다.

매일이 불안의 밤이었던 한 맹인이 있었죠. 예수님 때문에 세상을 다시 보게 된 그는 실로암에서 눈을 뜬 후 과거의 괴로움과 아픔이 사라졌어요. 그 은혜를 주신 예수라는 분에게 달려가 이제 앞으로 그분을 꽉 붙잡고 살아야겠다 싶었어요! 그런데 그분을 너무 보고 싶은데 어디로 갔는지 모르겠어요. 그가 떠나고 내게서 사라졌어요.

"그들이 이르되 **그가 어디 있느냐** 이르되 **알지 못하노라** 하니라"_요한복음 9:12

더 큰 문제는 그 예수를 찾던 바리새인들이 나를 억지로 붙잡아 오고는 그분의 흠을 잡아보겠다고 이제 방금 눈을 뜬 나에게 예수가 대체 어떤 놈이냐며, 어떤 사기로 너를 현혹시키고 눈을 뜨게 해주었냐면서 그들이 가진 권력으로 날 협박하고 찍어 누르는 거예요. 아니, 그 전에는 내 부모까지 불러서 아들이 눈을 뜬 기쁨도 못 느끼도록 내 출교를 걸고 협박을 했던 겁니다.

그런데 나의 부모마저도 나를 버리고 말죠.

"우리는 알지 못하나이다 **그에게 물어 보소서** 그가 장성하였으니 자기 일을 말하리이다 **그 부모가** 이렇게 말한 것은 이미 유대인들이 누구든지 예수를 그리스도로 시인하는 자는 출교하기로 결의하였으므로 **그들을 무서워함이러라**"
_요한복음 9:21-22

예수님을 만나 그 은혜로 회복된 삶을 살게 됐다 생각했는데 부모에게 버림받고, 민족에게 미움받고, 나의 땅에서 출교를 당할 거래요. 이젠 사라졌다 생각한 내 과거의 아픔이 더 짙은 밤이 되어 나를 덮어와요.

그런데 어떡해요.
난 이미 그분을 선택한 바보가 된걸….

당당히 말합니다.

"이 사람이 하나님께로부터 오지 아니하였으면 아무 일도 할 수 없으리이다"_요한복음 9:33

"나 다 잃게 만든다 해도 상관없다.
그분이 하나님께로부터 온 예수가 맞다.
나는 그분에 의해 눈을 떴다.
나는 그분을 믿는다."

예수님이 전에 하신 말씀이 정말 다 맞았어요. 제자들이 맹인에게 손가락질하면서 "예수님! 이 사람은 왜 이런 고난을 가지게 된 겁니까? 무슨 죄를 지어서? 무슨 더러운 인생을 살았길래?"라고 했을 때 예수님은 말씀하셨습니다.

"이 사람이나 그 부모의 죄로 인한 것이 아니라 **그에게서 하나님이 하시는 일을 나타내고자 하심이라**"_요한복음 9:3

이 슬픔 많은 자의 인생을 설명해 보라는 그들의 질문에 예수님, 그 맹인 앞에서 명확하게 대답해 주신 겁니다.

"그 슬픔의 '이유'를 보려 하지 말고,
그 슬픔을 '어떻게' 쓰시는지 보라.

이 고통을 담아냈던 자만이 감당할 수 있고 드러낼 수 있는 하나님의 나라가 있는 거야. 이 자가 불량품이라서, 문제가 있어서 이 고난을 끌어안게 된 것이 아니라, 하나님이 맡기실 수밖에 없는 일이 있었기 때문에 그 고난을 담고 있던 거야."

그래서
고난의 때에는 '이유'를 찾는 것이 아니라,
고난의 때에는 사용하시려는 '계획'을 찾는 겁니다.

그러고 보니 눈에 들어오는 신비로운 본문이 있더라고요.
예수님의 바로 다음 말이에요.

"때가 아직 낮이매 나를 보내신 이의 일을 우리가 하여야 하리라 **밤이 오리니** 그 때는 아무도 일할 수 없느니라 **내가 세상에 있는 동안에는 세상의 빛이로라**"_요한복음 9:4-5

아, 자신이라는 빛이 떠나고 그 땅에 밤이 오게 될 때
그 밤을 밝히는 도구로 쓰일 자가 필요하셨던 거예요.

밤이 이미 두렵지 않은 자의 믿음이 필요하셨던 겁니다.
앞을 보지 못했던 그의 '고난'이,
앞이 보이지 않는 어둠마저 뚫어버리는
그의 '믿음'으로 쓰입니다.

결국 그 맹인은 그토록 보고 싶었던 세상을 보자마자 예수님 때문에 그 세상에서 출교됩니다. 말이 출교지, 당시에 출교는 민족으로부터 축출되는 것을 뜻했습니다. 눈을 뜨자마자 행복한 삶과 변화된 삶을 기대했으나 웬걸, 그 자리에도 없는 예수님을 지키겠다고 하다가 예수님 때문에 민족으로부터, 부모님으로부터, 사회로부터 완전히 버려지게 됐어요.

이런 손해가 어디 있어요! 이런 결말이었을 거라면 내가 어떻게 당신의 길을 지키겠어요! 이미 다 고치시고 떠난 예수, 내가 뭣 하러 여기 있지도 않은 예수를 지키는 '바보'가 되어 이 꼴을 당하겠냐고 소리라도 치고 싶지 않았을까…. 그분의 은혜로 이제 다 끝났다 생각했던, 이젠 안 볼 거라 생각했던 그 '아픈 밤'이 다시 찾아온 거예요.

그럼 그때 예수님은 대체 뭘 하고 계셨을까요?

"예수께서 그들이 그 사람을 쫓아냈다 하는 말을 들으셨더니 **그를 만나사** 이르시되 **네가 인자를 믿느냐**"
_요한복음 9:35

영어 성경을 보면 이런 표현을 써요.

"He had found him."

예수님이 끊임없이 그를 찾아다니셨어요.
자신을 지키다 또다시 허망한 밤을 만나버린 아들을
계속 찾아다니셨어요.
내 밤을 찾아내셨어요.

모든 걸 빼앗기고 출교되어 걸어 나오는 아들을 마주하셨는데, 다 쏟아버리고 나온 나를 보신 우리 예수님, 다른 말도 없이 물으시는 거예요.

"그래도 네가 나를 믿어줄 수 있겠느냐.
이미 경험하고 왔겠지만 내 십자가가 꽤나 무겁다.
그래도, 이런 나라도 너에게 괜찮겠느냐."

예수를 위한 바보가 되었던 그 맹인이 대답합니다.
"이르되 주여 내가 믿나이다"_요한복음 9:38

그의 고백인 거예요.

"주님, 그래도 당신을 믿습니다.
다시 저의 밤에 돌아와 주신 당신을 뵐 때
어떤 두려움도 저를 이기지 못합니다.
전 평안합니다."

아, 깨달아요.

예수는 '그래서' 믿을 수 있는 것이 아니라
'그래도' 믿는 것이었어요.

미국에는 연말에 '블랙프라이데이'라는 문화가 있더라고요. 일 년에 한 번 모든 마트와 가게가 파격적으로 상품들을 할인 판매하는 날이었어요. 블랙프라이데이 당일 새벽 4시 즈음에 논문을 쓰다가 배가 고파 근처 맥도날드에 갔는데, 그때 처음으로 블랙프라이데이 마트 주차장 풍경을 보게 됐어요. 무슨 그 추위에 사람들이 저 끝까지 줄을 서고 누구는 텐트를 치고 노숙을 하는 겁니다. '아니, 대체 그게 뭐라고 저 추운 밤에 바보같이 저런 생고생을 하나' 하는데 그들의 표정에는 불안과 힘듦이 아니라 설렘과 기쁨밖에 보이지 않는 거예요. 그때 생각하게 된 것이 있었습니다.

'아, 나의 이 어둔 밤 너머에 무엇이 오는지를 아는 자는 이 밤이 설렘일 수 있구나.'

그대, 그 밤이 당신을 이길 수 없을 겁니다.

부활하신 예수님이 나의 밤에 오셨음으로 인하여
어쩌면 또다시 찾아왔을 당신의 그 밤이
더 이상 두려움이 아니라 설렘이 될 수 있길.

그렇게 그 밤이 평안하길.
예수를 선택한 바보가 어떻게까지 살아낼 수 있는지
보여줄 수 있길.

아가, 네가 편안했으면 좋겠다.
이젠 나라도 너에게 친절하겠노라.

나는 예수님을
사랑하는 것이
맞을까

내 불은
왜 이리
빨리 꺼지는가

에덴에 다시
심긴 나무

Part 3

그 은혜가　　　　　　등불　　　　　　짐
헛되지 않았습니다

나는 예수님을
사랑하는 것이 맞을까

대학시절 때 저희 교수님이 수업 시간 중간중간 연애에 관한 이야기들을 해주셨거든요? 그때 교수님이 이런 말씀을 하셨던 게 기억이 나요.

"주고 싶으면 사랑이고, 받고 싶으면 탐욕이다."

'나는 예수님을 정말 사랑하는 것일까? 아니면 여러 이유로 그냥 좋아하는 것일 뿐일까? 나는 정말 그분의 복음을 사랑하는 것일까? 아니면 그냥 이 종교 생활을 좋아하는 것일 뿐일까?' 이런 질문이 계속 떠오를 때가 있어요.

얼마 전에 이런 글을 본 적이 있습니다.

좋아하는 것은 그 사람으로 인해
내가 행복해졌으면 하는 것이고
사랑하는 것은 그 사람이 나로 인해
행복해졌으면 하는 것입니다.
좋아하면 욕심이 생기고
사랑하면 욕심을 포기하게 됩니다.
꽃을 좋아하는 사람은 그 꽃을 꺾지만
꽃을 사랑하는 사람은 그 꽃에 물을 줍니다.

그때 그 글을 읽는데 조금은 깨닫게 된 것 같아요.

**아, 예수님을 '좋아하는' 사람은 예수님을 꺾으려 하지만
예수님을 '사랑하는' 사람은 예수님께 나를 꺾어드리고 싶구나.**

그래서 '복음을 만난다, 복음을 사랑하게 됐다'는 것은
분명 나의 무엇인가가 죽는 것, 그것이 아닐까요.

그런데 그럼 또,
매일 예수님의 은혜를 알고도
완전히 죽지 못하는 내 자아를 보며
**예수님이 나를 보실 때 만족하실 만한 '자격'이
더욱 없는 것 같은 무서움이 들어옵니다.**

예수님의 제자로 선택되었던 사람 중 마태라는 사람이 있지 않습니까? 본명은 레위, 직업은 돈을 위해 영혼을 파는 자라 불렸던 '세리'. 세금을 걷어 로마에게 바치는 로마의 개였다는 거죠. 그런데 모두가 침을 뱉고 갔던 자리에, 나의 더러웠던 세금 테이블에 예수님이 걸어오시는 거예요. 그리고 그분이 대뜸 그래요.

"나를 따라와라."

이쯤 되면 우리에게 치밀어 오르는 질문이 있지 않습니까?

"왜요? 왜 그렇게 하나님 욕 먹이는 자격 없는 사람이 하필 예수님의 눈에 들어와요?"

기억하세요.
**예수님의 눈에는 나의 '자격'이 보였던 것이 아니라
예수님의 눈에는 나의 '변화'가 보였던 겁니다.**

마태, 그가 정말 예수님의 그 말 한마디에 모든 것을 버리고 '세관 테이블'에서 일어나요. 그리고 예수님을 따라갑니다.

"그 후에 예수께서 나가사 레위라 하는 세리가 세관에 앉아 있는 것을 보시고 나를 따르라 하시니 **그가 모든 것을 버리고 일어나 따르니라**"_누가복음 5:27-28

생각해 보면, 베드로, 안드레, 요한, 이 사람들은 모든 것을 버리고 주님을 따랐다고는 하지만 예수님이 십자가 못 박혀 죽으실 때 다시 고향으로 돌아가서 어부가 됐어요. 무슨 말이죠? 그들은 아무리 다 버렸어도 이거 아니다 싶으면 언제든지 돌아갈 자리가 있었다 이 말이에요. 그러나 세리 마태, 그는 그 테이블에서 일어나 예수님의 손을 잡는 순간 모든 것을 잃는 거였어요.

그때 보이더라고요.
그는 '자격'이란 없었을지 모르나
사랑하게 된 주님을 위하여
진짜 '변화'를 시작하고 싶었던 자였구나.

'빈 세관 테이블',
그것이 사랑하기에 그가 꺾어드릴 수 있었던 자신의 꽃,
그의 '변화'였구나.

그래서 우리는 오늘도 예수님 앞에 자격 없는 스스로에게
이렇게 물을 수 있어야 하지 않을까 싶어요.

'나에게는 예수님을 사랑하기에 일어날 수 있었던
나의 빈 테이블이 있는가.'

그래서 예수님을 사랑하는 제자에게는
반드시 그 '흔적'이 있습니다.
사랑하기 때문에 싸워서라도 꺾어낼 수 있었던
'변화의 흔적' 말입니다.

그렇게 변화를 택한 그는 예수님과 함께 갈 수 있음에 신이 나서 잔치를 열지 않습니까? 자신같이 자격 없는 놈을 예수님이 불러주셨다는 사실에 기쁨을 감출 수 없어서 예수님을 위해 잔치를 열어드리고 싶었는데, 문제는 자신이 초대할 수 있는 인맥이라고 보니까 그냥 세리 친구들과 로마의 개노릇 했던 친구들밖에 없는 거예요.

감사한 우리 예수님, 이런 자리라 할지라도 와주셨는데, 이 모습을 지켜보던 바리새인들과 서기관들에게 공격 대상이 되어버립니다. 내가 예수님을 위해서 만든 자리 때문에 예수님이 공격을 당하기 시작해요.

"하나님은 절대 죄와 함께하시지 않는다! 이 사랑하는 하나님의 선민 이스라엘 백성들의 눈에 피눈물을 나게 한 저 파렴치한 놈들과 하나님은 절대 함께하시지 않는다! 백성들아, 보이는가? 너희가 사랑한다 외친 하나님의 아들이라는 작자가 저 배신자들을 싸고도는 저 현장이!"

자신을 선택했다는 이유로, 자신을 사랑했다는 이유로 모든 백성 앞에서 공격 대상이 되어버리신 예수님을 보았을 때 마태, 그의 마음이 어땠을까?

도망가고 싶지 않았을까요? 예수님을 위해서라도 자신은 울면서 사라지고 싶지 않았을까요? 나같이 어울리지도 않는 놈 제자로 불러주겠다고 저렇게 혼자 싸우고 계신 분이 보이는데, 애초부터 사랑할 자격도 없는 나였는데, 변화되어 봤자 사람들이 인정하지도 않을 변화이고, 씻기지도 않을 과거인데 싶어서 말이죠.

그런데 그렇게 울먹이고 있을 마태를 자신의 곁에 두시고 예수님, 그들을 향하여 입을 여시는 겁니다.

"내가 의인을 부르러 온 것이 아니요 **죄인을 불러 회개시키러 왔노라**"_누가복음 5:32

**"마태야,
그 소리를 듣지 말거라.
나는 처음부터 너를 바꾸러 온 거야.**

너의 '자격'을 믿지 않았어.
너의 '변화'를 믿고 온 거야."

훗날 마태가 낮에는 돌을 맞아가며 예수님을 전도하고, 밤에는 홀로 방에 앉아 예수님과 함께했던 그날들을 떠올리며 마태복음이라는 말씀을 기록했을 날, 예수님이 해주셨던 말씀들을 적는데 이제 마태복음 9장, 세관에 앉아 처음으로 예수님을 만났던 자신의 이야기를 써야 할 순간이 오지 않았겠습니까?

"마태라 하는 사람이 세관에 앉아 있는 것을 보시고 이르시되 나를 따르라 하시니 일어나 따르니라"_마태복음 9:9

마태라 하는 사람이…
세관에 앉아 있는 것을 보시고…

모두가 개라고 불렀던 나의 이름을 처음 외쳐 불러주셨던, 나의 변화를 믿어주시고 나를 있는 그대로 안아주셨던 그분과의 그날을 다시 쓰기 시작할 때, 얼마나 그의 펜이 눈물과 함께 떨렸을까요.

우리의 그날을 꼭 기억합시다.

'자격'이 있어서 사랑하는 것이 아니라
사랑하기에 그 사랑하는 이를 위하여 '변화'되고 싶은 것,
그게 우리의 '사랑'입니다.

나의 '착각'을 보고 부러보 것이 아니다.
나의 '변화'를 알고 부러보 것이다.

내 불은 왜 이리
빨리 꺼지는가

'왜 내 뜨거움은 이렇게 빨리 식어버릴까? 우리 교회에는 수련회 찬양팀 같은 분들이 없어서 그런 걸까? 그때 느낀 뜨거움과 은혜는 내 착각이었을까, 아니면 세상 유혹이 내가 받은 은혜에 비해서 너무 강한 걸까?'

그렇게 나의 불꽃만 오래가지 못하고 빨리 꺼져버리는 것 같은 속상함을 마주할 때가 있는 것 같아요. 점점 나이가 들수록 '그래, 그런 뜨거움은 다 어린 날의 한때일 뿐이다'라며 차가워지는 신앙과 영혼을 납득하고 살기도 하고 말이죠.

그래서였을까, 사도 바울이 마지막 호흡으로 남긴 말 중에 이 문장이 너무 부럽더라고요.

"나는 선한 싸움을 싸우고 나의 달려갈 **길을 마치고 믿음을 지켰으니**"_디모데후서 4:7

나는 싸웠고, 마쳤고, 지켜냈도다.

'그는 대체 어떻게 마지막까지 그 불을 지켜냈을까?'
그게 너무 궁금했던 것 같아요.

미국 유학 시절 때 저희 학교에 청소년 사역의 거장이신 할아버지 교수님이 계셨는데, 미국에서 가장 크고 뜨거운 청소년을 위한 컨퍼런스를 마칠 때쯤 그분에게 이런 질문을 드렸어요.

"교수님, 왜 우리의 뜨거운 불은 이 캠프가 끝난 뒤에 그렇게 쉽게 꺼지는 걸까요?"

그때 그 할아버지 교수님께서 안경을 살며시 벗으시더니 웃으며 해주신 말이 있었어요.

"**제물이 불을 유지한다.
불은 제단과 제물이 있는 곳에 떨어져 붙는다.
제단 위에 올라가 있는 제물이 없다면
태울 것이 없는데 어떻게 더 불이 붙어 있겠는가.**"

그 말을 듣는데 그렇게 부러워했던 사도 바울 선생님이 남긴 말씀이 떠오르는 겁니다. 그가 알려주는 나의 영혼의 제단 위에 올려내야 할 나의 제물이 있었어요.

"너희를 권하노니 **너희 몸**을 하나님이 기뻐하시는 거룩한 **산 제물로 드리라** 이는 너희가 드릴 영적 예배니라"

_로마서 12:1

메시지 성경에서는
더 쉽고 명확하게 설명해 줍니다.

"그러므로 나는, 이제 여러분이 이렇게 살기를 바랍니다. … 여러분의 **매일의 삶, 일상의 삶**을 하나님께 **헌물로 드리십시오.**"_로마서 12:1(메시지 성경)

바울이 알려주는 제단 위에 올려야 할
우리의 불을 지켜내 줄 그 '제물',

그것은, '삶'이었습니다.

거저 은혜로 받은 이 뜨거운 불꽃을 계속 타오르도록 지켜낼 수 있는 그 땔감! 그것은 이제 사랑하게 된 하나님을 위해서 기꺼이 순종하고 변화될 수 있었던, 아니 변화하고 싶었던 내 '삶'인 거예요.

은혜받았던 수련회 이후 계속 화려한 예배로, 음악으로, 모임으로 그 불을 유지하는 게 아니었어요. 이제 그 불을 가지고 돌아왔다면 내 '삶'을 각을 뜨듯이 제물로 내어드릴 수 있어야 그 불이 꺼지지 않는 겁니다.

하나님이 미디안과의 전쟁 속에서 기드온을 사용하실 때 그에게 먼저 번제로 태울 나무를 구해 오라고 하시는데요. 하나님이 가져오라고 하신 그 나무, 그 땔감이 놀라운 겁니다.

"네가 찍은 아세라 나무로 번제를 드릴지니라"
_사사기 6:26

전쟁 준비를 시키실 줄 알았는데 느닷없이 아버지 집 안에 세워둔 바알과 아세라 나무 우상을 찍어서 그 나무를 가져오라는 거예요. 그 우상들은 아버지의 자산이기도 했지만, 내가 살아온 '익숙한 삶'이기도 했어요. 그리고 진짜 그것을 찍게 된다면 기드온은 그 자리에서 죽을지도 몰라요. 그런데 느닷없이 하나님은 왜 그걸?

아,
하나님이 싸우고 계셨던 것은 미디안이 아니었던 거예요.
우상에게 빼앗겨버린 그들의 '삶'과 싸우신 것이었어요.

은혜를 받았다면,
그 불꽃이 붙었다면
이젠 당신의 '삶'을 가져오라는 겁니다.

내 삶에 자리했던 내 우상들,
내 삶에서 하나님보다 사랑했던 바알들,
내 삶이 끊어낼 수 없었던 아세라들을
이제 그 불을 지키는 땔감으로 가져오라는 거예요.

그 당시 우상을 추종하던 이들이
그날 기드온을 욕하며 지어 붙인 이름이 있었습니다.

'여룹바알, 바알과 다투어 이긴 자.'

불을 받고 돌아왔다면,
이젠 내 삶에 있던 바알을 이겨서
내 제단 위에 올려내야 할 차례가 온 겁니다.
그 멋진 이름이 우리의 이름이 되어야죠.

'여룹바알',

나의 우상을 싸워 이겨낸 자.

결국 내 삶의 우상을 제단 위에 태워낸 자.

잊지 마,
제목이 불을 유지한다.

에덴에 다시
심긴 나무

지난 가을, 파주의 한 청년 집회에 설교를 전하러 갔었는데, 하필 그날이 아시안컵 축구 한일전이 있는 날임과 동시에 여의도에서 최대 규모의 불꽃축제가 열리는 날이었어요. 다른 청년들의 인스타그램 스토리는 그날 다 축구와 불꽃축제 이야기로 도배가 됐었죠. 저는 뭐 축구와는 담 쌓고 사는 남자고, 불꽃축제같이 사람 많은 곳은 좋아하지 않는다지만 말씀을 전하면서도 그 시간에 앉아 있는 청년들을 보는데 계속 그런 걱정이 들더라고요.

'아, 얼마나 보고 싶을까? 남들 다 지금 같이 모여서 열광

하고, 맛있는 거 먹어가면서 청춘을 불태우고 있을 텐데 이 청년들도 그 시간이 얼마나 부러울까?

**그렇게 믿음 생활을 하는 것이
스스로 내가 내 복을 차는 것 같은
바보짓으로 느껴질 때가 있지 않을까?'**

싶더라고요.

그래요. 서로 속고 속이며 자신의 득을 불려가는 이 거짓말 넘치는 세상에서 나는 하나님의 말씀을 온전히 지키면서 살겠다? 그렇게 믿음으로만 산다는 게 결코 쉽지가 않다는 겁니다.

왜요?
우리도 결국 '복'을 원하고 있기 때문이에요.

복을 원하기 때문에 믿음으로 인해 오는 손해가 보이고, 비교가 되고, 내 믿음이 바보 같아지는 때도 만나는 것 같아요. 그래서 세상 모든 종교에는 '기복(祈福, 복을 빎)'이 존재하는 것 아닙니까? 그러나 세상이 그토록 내 인생에 강요했던 '기복'과는 달랐던, 그날 우리가 하나님 앞에서 깨닫게 된 '진짜 복'이 무엇인가. 거기에 신앙의 진수가 있는 것이 아니겠습니까?

시편의 시작은 우리가 믿는 '진짜 복'에 대하여 입을 엽니다.

**하나님을 선택한 그대,
그대에게 '진짜 복'이 무엇인가?**

"그는(복 있는 사람은) 시냇가에 심은 나무가 철을 따라 **열매를 맺으며 그 잎사귀가 마르지 아니함 같으니**"_시편 1:3

아, 역시 하나님 믿는 자들도 복 앞에선 다를 게 없는 걸까. 인생에서 열매 많이 맺고, 남부럽지 않게 내 잎사귀들이 마르지 않고, 늘 찬란한 모습으로 살아가는, 그렇게 잘 먹고 잘 자고 잘 입는 풍족하게 사는 인생. 역시 하나님이 말하는 복도 그런 복인 걸까….

세상도 결국 내 열매와 내 잎사귀를 보는데, 세상도 늘 내 열매의 수와 잎사귀의 화려함으로 날 평가하는데, 하나님이 말하는 복도 내 열매와 내 잎사귀의 풍성함에 있는 거였을까…. 우리가 그날 하나님을 만났을 때 느끼고 깨달았던 그분의 '진짜 복'이, 그분이 말하는 우리의 '형통'이 역시 세상이 보는 복과 같은 거였을까….

**시편 기자, 그에게 보였던 복은 사실
'열매와 잎사귀'에 있지 않았습니다.**

우리가 놓쳐버렸던 단어가 있는 것 같아요.

바로,
"시냇가에 심은 나무가"입니다.

시편 기자가 노래하고 기억하고 싶었던 '진짜 복',
그것은 그 나무가 맺은 풍성한 열매도
남들이 부러워하는 찬란한 잎사귀도 아니라
그 나무의 '뿌리'였습니다.

"나무여, 우리의 형통이 무엇인가.
우리가 고난 속에도
하나님 때문에 인생에서 부러울 만큼 열매를 풍성히 맺고
하나님 때문에 찬란하게 잎사귀가 마르지 않는
그런 인생을 사는 것이 진정한 복이 아니라
그 고난 속에도
나의 뿌리가 여전히 주님의 물가에서 떠날 수 없다는 것,
여전히 내 보이는 열매와 잎사귀에 상관없이
나의 뿌리는 주님을 만나고 있다는 그것이
우리의 진짜 복이 아닌가."

결국 오늘도 억울할 수 있지만 이 세상을 다시 한번 믿음으로 살 수 있는 이유를 잊지 말아요. 그것은,

내가 주님의 시냇가를 만났다는 것.
내 가지는 오늘도 흔들렸으나 나의 뿌리가 여전히
주님의 물가에 닿아 있다는 그 사실이,
우리에게 여전히 돌아갈 시냇가, 그 품이 있다는 그 진리가
우리의 진정한 복이기 때문이에요.

어릴 때부터 비닐하우스 교회와 시골에서 사역하시는 부모님을 보는 것은 참 마음이 무거웠습니다. 특히 매일 사역이 끝나고 집에서 봤던 어머니는 항상 아프셨고, 영혼들로 인해 마음이 무너지셨고, 많이 우셨고, 때론 피 흘리기까지 사명을 살아내셨는데, 막상 교회와 우리 가정에는 어떤 복을 주시는 건지 모르겠는 그런 때가 있었어요.

초등학생 시절, 가난한 저희 집 제 침대는 벽돌로 쌓은 받침대 위에 나무 문짝을 부셔 눕히고 이불을 3개 쌓아 덮은 것이었습니다. 그렇게 초라했던 밤마다 수년 동안 하루도 빠짐없이 어린 저를 옆에 누이시고 어머니가 하셨던 말씀이 있었어요.

"아들, 진짜 너무 행복하지 않니? 우리가 아무것도 없어도 하루의 마무리엔 이렇게 누워서 하나님께 말하다 잘 수 있다는 것, 오늘 또 초라했어도 실패했어도 여전히 하나님과 대화하다 잘 수 있다는 것이 엄만 너무 행복이야. 이게 우리 복이야, 복."

어머니가 맞았어요.

세상이 결코 빼앗아갈 수 없는 나의 복은

초라하게 흔들리는 '나'라는 나무가
오늘도 예수님의 시냇가에
심겨 있을 수 있다는 것입니다.

메시지 성경은 이렇게 말하더라고요.

"에덴에 다시 심긴 나무여."

오늘도 우리가 고백할 수 있는 진정한 복이 여기에 있습니다.

비록 흔들리고 꺾였으나
떨어지고 도망쳤으나
너의 뿌리가 여전히
다시 나의 에덴에 심겨 있느니라.

변함없이 네가 나의 시냇가에,
나의 에덴에 있는 나무인 것.
아마, 그것이 너의 뜻이었음 같았다.

그 은혜가
　　　헛되지 않았습니다

이런 질문 혹시 안 해보셨나요?

**"내가 그때 그 은혜를 받지 않았다면
지금 나는 어떤 모습으로 살고 있을까?"**

"만일 그리스도 안에서 우리가 바라는 것이 다만 이 세상의
삶뿐이면 모든 사람 가운데 우리가 더욱 불쌍한 자이리라"
_고린도전서 15:19

예수 믿는 자라고 하면서 겨우 '이 세상의 은혜'만을 바라

고 산다면 진짜 그것만큼 불쌍한 인생이 없다는 겁니다. 이 땅의 것을 벌고 싶어서 예수 믿는 바보가 어디 있냐는 거예요. 그거 더 잘 벌려면 세상을 더 열심히 사는 게 최고라는 걸 모르는 사람이 어디 있겠냐는 겁니다. 예수를 믿으면서 고작 이 세상의 은혜에 머물러 버리다니…. 진짜 내가 무슨 은혜를 받았고, 무슨 은혜를 사모하며, 또 무슨 은혜를 바라보며 사는 인생인지 그걸 잊어버리며 살다니…. 만약에 그렇다면 차라리 당신이 예수 안 믿는 자보다 훨씬 더 불쌍한 사람이라는 겁니다.

사도 바울에게는 그런 고백이 항상 있었습니다. 예수님이 자신에게 찾아오셨으며, 지금 자신의 모습이 노력으로 된 것이 아니라 하나님의 은혜로 존재하게 되었다는 것을 매일매일 기억하는 고백 말입니다.

"맨 나중에 만삭되지 못하여 난 자 같은 내게도 보이셨느니라 나는 사도 중에 **가장 작은 자**라 나는 하나님의 교회를 박해하였으므로 사도라 칭함 받기를 감당하지 못할 자니라"_고린도전서 15:8-9

"만삭되지 못하여 난 자, 가장 작은 자." 헬라어로 '엑트로마티'라고 하는데, '혐오스러운 가지, 없었으면 좋았을 자'라는 뜻입니다. 바울은 그 은혜가 당연해지지 않게 하기 위해 끊임없이 자신의 추악함을 인정했어요. 자신의 아픈 과거, 간절했던 과거를 절대 잊지 않고 하나님의 은혜를 끊임없이 생각하며 매일 다시 일어나려 했던 거예요.

그러니 그대의 넘어진 과거가 부끄러운 게 아닙니다.
넘어진 과거에서 다시 일어나지 않는 것이 부끄러운 거예요.

바울은 자신의 추함과 부족함을 이야기하면서까지 단 한순간도 하나님의 은혜를 잊지 않으려 했습니다. 그래서 그의 위대한 고백이 있지 않습니까.

"그러나 내가 나 된 것은 하나님의 은혜로 된 것이니"
_고린도전서 15:10

바울은 그렇게 은혜를 가슴에 안고 살아가다 로마의 어느 곳에서 목이 잘려 죽게 되었다고 합니다. 사형 당시 그는 목을 도마에 대고 하늘을 보고 누웠습니다. 그러고는 도끼에 내리 찍혔죠. 그렇게 해서 그의 머리가 세 번 땅에 굴렀다고 합니다.

문득 그런 생각이 들었어요.

'사도 바울,
그는 그의 숭고했던 사랑을 마무리했던 그날,
목을 놓고 하늘을 봤을 때 무슨 생각을 했을까?
후회가 됐을까?
열심히 순종하고 걸어왔던 시간이 순간 아까웠을까?'

어떤 마음이었을지 한참 생각하던 중에, 제가 좋아하던 노래가 플레이리스트에서 흘러나왔는데 이승환의 〈어떻게 사랑이 그래요〉였습니다. '그래, 어떻게 그의 숭고했던 사랑이 이런 죽음으로 마무리될 수 있을까. 분명 너무 억울하고 슬펐을 거야. 어떻게 이런 식으로 떠나게 하실 수 있을까' 하면서 이 노래의 비디오에 나오는 한 다큐를 보게 됐어요.

2006년 5월 MBC 휴먼다큐 〈사랑〉에 나온 "너는 내 운명"이라는 방송이었는데요. 한 여대생이 졸업 후 교대에 진학하기 위해 대형마트에서 아르바이트를 합니다. 그런데 그곳에서 운명처럼 9살 많은 생선 관리 노총각을 만나 사랑에 빠져요. 그런데 사랑을 나눈 지 2년, 거대한 장벽이 그들을 가로막습니다. 여자가 간암 말기 3개월 시한부 선고를 받은 것입니다. 하지만 죽음을 향해 가는 그녀를 위해 남자는 결혼식을 준비하고, 아예 병실에 신혼살림을 차려요.

남자는 장모님이 병실에 계셔도 차 안에서 잠을 청하며 그녀가 부르면 언제든 달려갈 준비를 하면서 살았다고 해요. 양가 모두 남자의 앞날을 위해 결혼식을 극구 말렸지만, 여인을 향한 사랑으로 남자는 결혼을 강행합니다. 이 운명 같은 사랑을 받은 여인은 마지막 편지를 남기고 세상을 떠납니다.

**"내가 하고 있는 것이 사랑이라면,
내 생이 짧다 하더라도 남들보다 더 뜨거운 마음으로
사랑을 했었다고 말할 수 있을 것 같아요.**

그리고 내 생애가 당신으로 인해 전혀 초라하지 않고
아름다울 수 있었다고,
당신이 아니었다면 볼품없이 사라졌을 꽃동이가
당신으로 인해 꽃이 피고 아름다워질 수 있었다고.
고마워요, 처음 만난 그날부터 지금까지.
당신을 위해 뭔가를 할 수 있는 내가 되면 좋겠어요.
사랑해요."

아, 저는 편지를 보면서 마지막 하늘을 바라보며 눈을 감던 바울의 마음도 분명 이 편지의 단어들과 같았겠다는 생각이 들었어요.

"당신이 아니었다면 볼품없이 사라질 꽃이었습니다.
당신이 아니었다면 더럽게 살았을 이 핏덩이가
당신으로 인해 잠시나마 꽃으로 피어 아름답게 지다 갑니다.
당신을 위해 뭔가를 하다 갈 수 있는 나였음에 감사합니다."

그리고 그가 남겼던 고백 중 이 문장이
그의 마지막 순간의 마음과 정말 같았겠다 싶어서 울었어요.

"나에게 베풀어주신 하나님의 은혜는 헛되지 않았습니다."
_고린도전서 15:10(새번역)

마지막 목이 굴러가 하늘이 돌아가며 보였을 그 순간,
그는 그가 받은, 그를 지켜온 그 은혜가 기억나지 않았을까.

"아버지, 당신의 은혜가 결코 헛되지 않았습니다.
내가 이렇게 목이 잘려 죽어도
나를 사랑한 당신의 사랑으로 인하여, 그 은혜로 인하여,
괴수였던 내가 여기까지 달려올 수 있었습니다.
내가 살아왔던 인생에 후회함이 없습니다.
아니 조금 아쉬운 것이 있다 한다면,
나를 사랑하신 그 사랑에 대하여
내가 충분히 살지 못한 것뿐입니다.
그러나 여전히 고백할 수 있는 한 가지는
나 후회 없이 당신을 사랑하다 갑니다.
이런 저를 만나주셔서
진심으로 감사했던 여행이었습니다."

당신에게는 지금
당장이라도 눈물로 고백할 수 있는,
세상의 기준으로 설명할 수 없는,
송두리째 삶이 변해 버렸던,
그날의 은혜에 대한 고백이 있습니까?

많이 부족했지만
보내고 짧았던 나그네의 삶,
당신이 있었기에 잘 마치고 갑니다.
후회 없이 당신만 사랑하다 갑니다.

등불

'하나님, 이렇게 힘들게 하지 마시고
차라리 제가 가야 할 길 미리 환하게 보여주시면 안 됩니까?
왜 매일 불안하게 보이지도 않는데 믿고 가라고만 하세요.'

꼬맹이였던 대학 시절, 답답하고 불안한 마음속에 들어오는 이 의문을 품고 기숙사에서 잠들기 전 옆 침대 선배님에게 마음을 나눈 적이 있어요. 선배님은 제 이야기를 듣더니 이렇게 물으셨어요. "자신 있어? 진심으로 자신 있어?" 제가 당황해서 "네?" 했더니, 선배님이 그러시더라고요.

"하나님이 네가 서 있는 길 위의 가로등을 다 꺼버리신다면
너의 길 위에서 으르렁대며 너를 찢어 먹으려 기다리는
짐승 같은 대적들과의 싸움을 미리 선명하게 다 보게 되는데
그때에도 너는 정말 그 길로 뛰어갈 수 있겠어?
미리 다 보여주셨으니까, 기쁨으로 두려움 없이
주님의 길을 향해 뛰어갈 수 있을 것 같아?

아냐, 우린 못 가.
너의 눈을 가려주시고 미리 불을 켜주시지 않을 땐,
이유가 있으신 거야.
겁먹지 말라고,
그저 '한 발자국'씩 같이 가면 된다고 하시는 거야."

그 한 발자국을 매일 붙잡아 끌어주시는 하나님께서 성경 속 이곳에 등장하십니다.

"주의 말씀은 **내 발에 등**이요 내 길에 빛이니이다"
_시편 119:105

등과 빛.

결국 둘 다 비추는 역할인데, 말씀이 내가 도달해야 할 하나님의 약속을 보게 하는 '빛'이라는 것은 너무나 자주 들어서 알겠는데, 왜 또 말씀을 내 발의 '등불'이라고 표현하셨던 걸까요?

그 말씀이 내 발등 앞에 겨우 '한 발자국'만
비춰주는 등불인 이유가 있는 거예요.

이런 마음 아니시겠어요?

"잘 봐, 결국 별거 없지?
오늘도 그렇게 한 걸음 걸어줄 수 있겠지?"
거봐, 네가 겁먹을 게 없어.
가자."

전지전능한 하나님을 믿는다 하지만, 깜깜하게 가야 할 바도 전혀 모르고 걸어야 하는 두려운 그 여정 속에서,

오늘을 함께해 주시는 그 등불 하나만으로
한 발자국 걷게 해주시는 것,
그게 하나님의 축복이더라고요.

"그게 내가 겁 많고 연약한 너를 꼭 붙잡고
그 길을 완주하게 하는 방법이야."

그러니 우린 오늘의 등불을 드는 겁니다.

우연히 만난 가슴 뛰는 성경 한 구절 프린트해서 한 해 동안 붙잡을 말씀으로 방에 붙여 놓는 것도 좋고, 올해 뽑은 말씀을 프로필로 설정해서 먼 길 비춰주는 빛처럼 그 한 말씀 꼭 붙잡고 가는 것도 좋은데, 그 말씀은 내가 필요할 때 찾아 먹을 수 있는 뷔페가 아니잖아요. 오늘 내 손에 들게 하시고, 오늘 한 발 자국을 어둠 가운데 비춰주시는 오늘의 등불 된 말씀을 놓쳐서는 안 돼요.

여호수아서의 시작을 보면 하나님께서 멋지게 여호수아에게 말씀하세요.

"여호와께서 모세의 수종자 눈의 아들 여호수아에게 말씀하여 이르시되"_여호수아 1:1

무슨 말씀을 주셨어요? 너희 발바닥으로 밟는 곳을 내가 너희에게 주겠다, 그러니까 강하고 담대해라, 그 땅을 차지하게 하겠다고 하신 겁니다. 얼마나 할렐루야 하며 이거 하나만 그냥 쭉 들고 가면 되는 빛 같은 말씀입니까? 그러나 하나님은 여호수아에게 이 빛을 보게 하실 일을 위해서,

오늘의 '등불'을 들게 하세요.

"이 **율법책을** 네 입에서 떠나지 말게 하며 주야로 그것을 **묵상하여** 그 안에 기록된 대로 **다 지켜 행하라** 그리하면 네 길이 평탄하게 될 것이며 네가 형통하리라"_여호수아 1:8

잊지 마세요.

내가 하나님의 말씀을 지킬 때
하나님의 말씀이 나를 지킵니다.

뻔하고,
너무 많이 들었고,
이런 책에서마저
보고 싶었을 문장이 아니겠지만,

우리 말씀을 읽읍시다.
왜냐하면 그게 '동행'이거든요.

"태초에 말씀이 계시니라 이 말씀이 하나님과 함께 계셨으니 **이 말씀은 곧 하나님이시니라**"_요한복음 1:1

오늘 내 삶에서 내가 들고 있는 등불 된 말씀이 없다면요,
우리의 감정과 말과 사역들이
아무리 나는 매일 하나님과 동행한다 주장하여도

어쩌면 그건 거짓말이에요.

거봐.
내가 겁먹을 게 없어.

짐

**내 인생에서 벗어버리고 싶은 이 짐들을
아무리 치워달라고 기도해도
왜 사랑의 하나님은 치워주시지 않는 걸까요?**

이 벗고 싶은 짐만 치워주시면 정말 더 잘 섬기고,
더 잘 믿고, 더 잘 살 수 있을 것 같은데….
그렇게 가져가 주시지 않는 내 짐에 버거운 날이 오겠죠.

그런데 그게 부모의 마음인 걸까요? 제가 지난해 여름 부모님 집에서 살았었는데, 여름 방학 기간 동안에는 집에 딱

다섯 번 들어갈 수 있었고, 나머지 날들은 맡겨진 사역들을 감당하느라 큰 백팩 하나와 노란색 캐리어 하나 끌고 다니면서 전국 곳곳 불러주시는 곳마다 감사히 다니다 왔어요.

그런데 이 가방과 캐리어들이 매일 들고 다니다 보면 정말 무겁고 힘들다는 겁니다. 처음 가보는 동네에서 버스를 갈아타고 기차역 계단을 오르내리고 할 때 짐이 너무 무거워 넘어지고, 그 무게에 빗길에 고꾸라지고, 그래서 병원에 실려가 까진 등을 응급처치하기도 하고 말이죠. 너무 서럽고 무겁고 아파서 사역을 가던 어느 날은 혼자 운 적도 있었다니까요?

그래서 오랜만에 다시 집에 돌아와 짐을 재정비하던 날이면 어떻게 해서든 가방에 있는 짐을 하나라도 더 버리고 가려고 하는데 아니, 우리 어머니는 자꾸 계속 더 짐을 가방에 넣으시는 거예요. 해가 쨍쨍한데 우산을 넣으시고, 숙소에 가면 일회용 샴푸와 치약들이 넘쳐나는데 집에 있는 새것들로 챙겨 넣으시고, 수건까지 혹시나 하는 상황을 위해 빨아 넣으시는 겁니다.

자식은 힘들어서 짐을 치우려고 하는데,
어머니는 자꾸 아들이 짐을 더 지게 하셨어요.

그런데,
하나님 아버지도 꼭 그러시는 것 같은 거예요.

그 사랑과 능력으로
나의 이 짐들 좀 제발 치워주시면 좋겠는데
그런 약속은 안 해주시고,
그런 도움은 안 주시고,
내가 그 무거운 시험을 당하고 있을 때
뭐라고 말씀하시는가 봤더니

"너희로 능히 감당하게 하시느니라"_고린도전서 10:13

아,
그분, 내 짐을 '치워주시는 것'에 관심이 없으셨어요.
대신 그 무거운 짐을 '능히 감당할 힘'을 주시겠다는 겁니다.

저 말씀을 원어로 보니까
이런 단어를 쓰고 있더라고요.

"후포페로(υποφερω)"

즉, '짐을 짊어지고 갈 수 있는 힘',
그것을 주시겠다는 겁니다.

그 무거운 고난의 짐, 시험의 짐 좀 치워주시면 더 즐겁게 주님 믿고 살 수 있겠다 싶었는데, 주님은 내 짐을 '치워줄' 계획이 있으신 것이 아니라 '마주하게' 하시는 겁니다.

"얘야,
믿음이 그 짐을 회피할 수 있게 하지 않을 거야.
믿음이 그 짐을 너로 지고 가게 할 거야."

대체 왜요? 짐은 피하면 좋은 것 아닌가요? 짐은 없을수록 이득인 것 아니냐는 겁니다. 그런데 뭐 하러 그 짐을 짊어지도록 하시냐는 거죠.

지난여름 저는 어머니가 넣어주셨던 그 크고 무거운 우산 덕분에 예고 없이 닥친 무서운 폭우 속에서 움직일 수 있었고, 수건도 샴푸도 비누도 없던 시골 숙소에서도 어머니가 넣어주신 일회용품과 수건 덕분에 당황스러운 순간을 잘 넘길 수 있었어요. 그때야 알게 되겠더라고요.

**치워버리고 싶었던 그 미웠던 짐들이
날 살리는 '살림'이 되고 '도구'가 되는구나.**

여러분,

짐을 질 그 힘이 있다면
그때부터 그것은 더 이상 '짐'이 아니라
나를 위한 '살림'이 되는 거더라고요.

하나님 아버지, 믿으신 거예요.
당신이 그분이 주시는 힘으로
짊어진 그 짐을 '날개'로 바꿔낼 수 있으리란 것을.

치워주지 않을거야.
들고 갈 힘을 주는거야.
그것이 너의 날개가 될테니까.

분명 잘할 수
있을 거라
생각했는데

이 교회는
이제 나랑
맞지 않아요

그림자

Part 4

나는 절대 이것을   　나는   　　나 여기
내려놓을 수 없다   　천둥입니다   　　끝까지 서있는
　　　　　　　　　　　　　　　　　나무가 되게 하소서

분명 잘할 수 있을 거라
생각했는데

분명 그날, 내가 하나님의 음성 앞에서 소명을 받으며 가슴 뜨겁게 눈물 흘렸던 순간을 생각해 보면, 지금 즈음에는 내 삶에 엄청난 변화나 성과가 일어났어야 하는데, 시간만 많이 흘렀지 내 상황과 현실은 변함이 없어요. 그때의 나는 분명 믿음으로 다 이길 수 있을 것 같았는데, 현재 내가 마주하고 있는 것은 시간이 지나면서 더 커져버리고 명확해진 '나의 부족함들'뿐인 거예요.

잘하고 싶었는데…
사실 오늘의 내 현실은 너무 많이 부족한 거예요.

이스라엘에게 중요한 시간이 다가왔습니다. 정복한 땅을 지파들이 분배 받는 날이었어요. 전설 같은 선배, 갈렙 할아버지가 등장합니다. 그에게 우선권이 주어졌어요. 모든 시선이 그의 선택에 집중됐어요. '얼마나 좋은 땅을 먼저 차지해 갈까? 얼마나 멋진 땅을 우리 지파에 가져와 줄까?'

그런데, 그의 선택이 이상해요.
"그날에 주께서 말씀하신 이 산지를 내게 주소서."
그가 선택한 땅은 '헤브론'이었습니다.

헤브론,
45년 전 그가 하나님으로부터 뜨겁게 약속 받았던 그 땅.
그런데 뜨거웠던 약속과는 다르게,
그대로 45년이라는 시간이 흘러버렸어요.

그 땅, 아직 점령된 땅이 아닙니다.

가나안 족속이 다 멸절되었어도 거인 아낙 자손들이 아직 건재하게 그 땅을 지키고 있는, 그래서 이스라엘 백성들 모두가 꺼리고 있는 그 땅을 갈렙 할아버지가 지금 달라는 거예요. 자그마치 45년이 지났고, 상황과 현실은 그때부터 지금까지 아무것도 바뀐 것이 없고, 나이는 이제 80이 훌쩍 넘어가는데…. 여전히 정복은커녕 광야에나 변함없이 갇혀 있고, 자신에게는 정복한 땅들 중에 좋은 땅을 가질 수 있는 선택권도 있고, 게다가 이젠 다 늙어버린 자신의 처지와는 다르게 여전히 강건한 거인들이 차지하고 있는 그 땅을 왜요? 그때는 몰라도 지금은 현실이 너무 많이 바뀌었잖아요. 그때는 뜨거울 수 있었을지 몰라도 지금은 현실을 알아야 하는 거잖아요.

45년 전, 젊고 뜨거웠던 전사 갈렙은 선포합니다.

"그들은 우리의 먹이라"_민수기 14:9

그땐 그랬겠죠. 뜨거웠던 젊음의 전사 갈렙에게는 그 거인들이 그저 먹이, 밥이었겠죠. 그런데 지금은 젊었던 시절의 비전 타령하고 있을 현실이 아니잖아요.

그러나 45년이 흘러 백발은 무성해지고 허리가 휘어가는 '부족함'만 남은 노인 갈렙의 고백이에요.

"이제 보소서 여호와께서 이 말씀을 모세에게 이르신 때로부터 이스라엘이 광야에서 방황한 이 **사십오 년 동안을** 여호와께서 말씀하신 대로 나를 생존하게 하셨나이다 **오늘 내가 팔십오 세로되** … 그날에 여호와께서 말씀하신 **이 산지를 지금 내게 주소서** 당신도 그 날에 들으셨거니와 그 곳에는 아낙 사람이 있고 그 성읍들은 크고 견고할지라도 **여호와께서 나와 함께하시면 내가 여호와께서 말씀하신 대로 그들을 쫓아내리이다**"_여호수아 14:10, 12

여호와께서 말씀하신 대로
그들을 쫓아내리이다….

그의 영혼이 무엇으로 가득 차 있었는지 보이지 않나요?

그는 절대 '자신'을 믿은 것이 아니에요.
그날 자신에게 약속해 주신 그분의 '선택'을 믿은 거예요.

자신의 끝나버린 현실의 '부족함'을 보지 않았어요.
자신 안에 끝나지 않은 하나님의 '부르심'을 보았어요.

그때 고백할 수 있는 겁니다.

"하나님, 저 할 수 있어요.
저 여전히 할 수 있어요.
이날만을 기다렸어요.
비록 내 현실은 다 끝이 나 보이고
세상은 헛된 야망이다 욕하지만,
나는 그날 이후로 오늘까지 단 한 번도
당신의 그 위대한 부르심,
그 헤브론을 잊은 적이 없어요.
오늘도 나는 변함없이 외치겠습니다.
그들은 나의 밥이라!
다른 지파들이 어떤 좋은 땅을 가져가든
나는 상관없습니다.
이 산지를 내게 주시옵소서."

〈스물다섯 스물하나〉라는 드라마에 이런 대화가 나오더라고요. 주인공 나희도 선수가 국가대표 선발전 경기 중에 자신의 수들이 번번이 막히자 자신만만했던 처음 모습은 사라지고 스스로 부족함을 느끼며 용기를 잃어버려요. 그때 그녀의 스승인 양찬미 코치가 나희도 선수의 눈을 보며 이렇게 말하더라고요.

"니 자신을 못 믿겠으면 니를 선택한 내를 믿어라.
니는 안 진다. 내는 원래 지는 선수 안 뽑는다."

어쩌면, 처음 열정과는 너무 다른 나의 오늘의 현실에 겁을 먹어버린 그대에게 당신의 하나님이 이렇게 말씀하지 않으시겠어요?

"얘야, 너의 부족함에
더 이상 너 자신을 못 믿겠는 그날이 오면
너를 선택한 나를 믿어.
너는 안 진다."

그다음 장면에서 나희도 선수는 코치에게 이렇게 말해요.

"나는 나를 아직 못 믿어.
그런데 나를 알아봐 준 당신을 믿어."

다 끝나버린 것 같은 나의 부족함 앞에 흔들리게 되는 그날이 당신에게도 온다면 그때 당신의 고백도 그러하길….

"하나님, 저는 이제 저를 믿을 수 없어요.
그러나 저를 알아봐 준,
이런 저를 선택해 준
당신의 부르심을 믿고 오늘도 저 가요."

그 부족함을 주시는 이유는
그 부족함을 하나님을 의지하는 데 사용하라는 거래요.

'나의 할 수 없음'과 '하나님의 할 수 있음'이 인정될 때
우리는 가장 큰 능력을 경험하게 될 거예요.

너를 못 만났으면
나를 선택한 나를 만나다.
너는 안 져.

이 교회는 이제 나랑
맞지 않아요

서로 더 존중해 주고 사랑해 주는 모습을 기대했는데 경력이 길어질수록 점점 더 이기적인 모습만 보게 되는 우리 교회의 현실 앞에 속상한 마음을 감출 수 없는 날이 있죠. 제자들도 마찬가지였을 것 같아요. 모두가 멋지게 "우린 예수님을 따른다"라고 말했지만, 사실 예수님이 우리를 위해 해주셨으면 하는 자신들의 '기대'만 있었어요.

그런데 예수님이 그들과 함께하셨던 여정들을 보다 보면, '나의 기대'가 아닌 '하나님의 나를 향한 기대'에 자신들의 기대를 내려놓은 훈련이 이루어지고 있음을 알게 됩니다.

그런데 딱 한 사람, 가룟 유다,
**자신이 '좋다' 생각하는 기대와
자신이 '옳다' 생각하는 그 틀을
깰 수가 없었던 제자가 보입니다.**

"내가 틀린 말 했어요? 나는 틀린 말 못해요. 내가 나 좋자고 이러는 거예요? 다 우리와 예수님 영광 위해서 내는 의견 아닙니까? 아니, 왜 다들 나 빼고 이렇게 멍청해요? 이게 그렇게 이해하기 어려운 생각인가요?"

교회에서 이 같은 말들을 듣다 보면 이런 생각이 들어요.

**어쩌면 성도의 비극은
'예수님을 옆에 두고도 예수님을 닮지 못하는 것'이 아닐까.**

주일마다 와서 예수님을 내 삶의 주로 멋지게 고백한다 한들 절대로 주님 앞에 깨지지 않고 변하지 않는 나의 틀! 믿음은 믿음이고, 신앙은 신앙이고, 내가 싫은 건 싫은 거고, 내가 옳다 생각하는 것은 옳은 것인 나의 고집스러운 틀!

잊으면 안 돼요.

**우리는 분명 그 깨뜨리지 못한 틀 때문에
언젠가 예수님을 팔고 있을 거예요.**

대학 강의 때 교수님께 들었던 이야기인데, 사랑은 딱 맞는 돌들이 서로 만나서 이루어지는 것이 아니라고 하더라고요.

"서로 다른 돌들이
'내가 저이를 사랑하기에 깎일 수 있겠다' 싶어서
서로 맞는 모양이 되기 위해 깎여지는 것이 사랑이야.
그래서,
네가 맞춰줬으면 좋겠다 싶으면 '탐욕'이고
내가 맞춰주면 좋겠다 싶으면 '사랑'이래."

제자들이 그 '사랑'을 예수님으로부터 알아갈 때
유다는 자신의 틀 안에서 '탐욕'을 키워갔던 거예요.
'예수님이 언제 내 기대를 맞춰줄까?
이 공동체가 언제 내 깊은 뜻을 알아주고 따라와 줄까?'

신앙에 비극이 있다면, 내가 신앙생활 10년 넘게 했는데 리더십도 없고, 교회를 위해 섬길 수 있는 특출난 달란트도 하나 없고, 대표기도 한 문장도 못하고, 청년들의 아픔에 상담해 줄 방법도 모르겠는 그런 것이 아닙니다. 그런 건 아무 상관 없어요.

내 동료들이 다 예수님의 마음 앞에 깨져가고 있을 때
나 혼자 절대 나의 '옳음'을 깨뜨릴 수 없는 것,
그것이 진짜 비극입니다.

교회로 살아가는 우리에게
제일 무서운 모습이 있다면,

내 깨뜨릴 수 없는 옳음 때문에
예수님께 '사용 받고 싶은 삶'이 아니라
예수님을 '사용하고 싶은 삶'을 산다는 거예요.

그래서 우리는 언제
그분의 교회로 지어져 갈 수 있을까 생각해 보면,

예수님을 믿기 때문에
내가 '얻게 될 것'들을 기대하는 것이 아니라
예수님을 믿기 때문에
내가 '버려야 할 것'들이 기대가 될 때,
예수님을 사랑하기 때문에
내가 '이길 수 있는 것'들을 기대하는 것이 아니라
예수님을 사랑하기 때문에
내가 '져줄 수 있는 것'들을 기대하게 될 때,
우리는 그렇게 예수님이 기대하셨던 사랑을
보여주는 교회가 되는 것 같아요.

중요한 것은 예수님은 자신의 옳음을 이기지 못한 유다도 끝까지 기다리셨다는 거죠. 그 아들의 깨지지 못한 틀에 사탄이 들어갔다는 것을 아셨음에도 끝까지 그의 발을 잡아주셨거든요. 그의 앞에 무릎을 꿇어 발을 씻겨주시고, 다른 제자들과 똑같이 떡을 먹여주시며 끊임없이 그를 응원하세요.

"그 깨뜨리지 못한 자신의 옳음으로
나를 팔려고 하는 자가 있구나."

예수님의 이 말이 그날 유다 귀에 들렸다면 '내가 나의 옳음을 깨뜨려야 하는 자였구나' 깨닫고 그 자리에서 무릎을 꿇었어야죠! 그런데 유다의 틀은 그 순간에도 무너지지 않는 거예요. "주님, 그게 설마 저는 아니겠지요?" 다 알면서! 그 찢어지는 양심은 다 알고 있었으면서! 누가, 무엇이! 예수님의 마음을 찢어놓고 있는지 다 알고 있었으면서!

그때 우리 예수님, 눈물을 누르시면서
절대 깨지지 못하는 그 아들의 눈을 바라보시며
입을 여시는 겁니다.

"유다야, 나를 속일 생각은 마라."
_마태복음 26:25(메시지 성경)

입맞춤으로 자신을 버리고 있는 유다와 마주하셨던
그 밤에도 주님은 말씀하십니다.

"**Friend**, do what you came to do"(ESV)
"**친구여** 네가 무엇을 하려고 왔는지 행하라"_마태복음 26:50

친구야.
친구야.
친구야.

이것이 그 마지막 순간까지
자신의 옳음에서 깨지길 기다리셨던,
그에게 끝까지 친구로 곁에 있어주고 싶으셨던,
예수님의 마음이었고, 기다림이었고,
그런 교회가 되길 원하는 우리를 향한
예수님의 기대였을 거예요.

"친구여, 날 속일 생각은 하지 마라.
끝까지 기다리마.
네가 꼭 너를 깨뜨릴 수 있었으면 좋겠다."

교회의 사명은
'어떻게 하면 높아질 수 있는가'에
있는 것이 아니라
'어떻게 하면 예수님 마음이
있는 곳에 있을 수 있는가'에 있거나.

그림자

나보다 더 나은 주위를 보면서 마음이 힘들어지는 날이 있는 것 같아요. 하나님은 내가 더 사랑하는 것 같고, 신앙생활도 내가 더 열심히 하는 것 같은데, 늘 빛을 보고 주인공이 되는 사람들을 보면 나보다 덜 열심히 하나님을 믿는 것 같고, 나보다 훨씬 덜 하나님을 사랑하는 것 같아요.

'나는 하나님께 쓰임 받기엔 부족한 사람인가'
하는 생각도 들고
'나는 빛이 날 수 없는 사람인가' 싶어 속상하고 그래요.

혹시 예수님의 1호 제자가 누군지 아시나요? 한 제자를 이 글에서 소개해 주고 싶어요. 자신의 가리어지는 삶을 사랑하며, 늘 앞자리를 내어주며 그렇게 '그림자'같이 묵묵히 자신의 사명을 감당했던 한 사람,

빛이 되기보다
빛을 비춰주고 싶었던 제자
'안드레',
그가 예수님의 1호 제자였어요.

얼마나 특별했을까요? 얼마나 멋지고 소중한 명예였을까요? 내가 그 어느 누구보다 제일 먼저 예수님 보필하고, 제일 먼저 예수님 믿고, 제일 먼저 따르고 사랑한 '첫 번째' 제자인 거잖아요. 그 1호 제자 안드레가 행복한 마음을 감출 수 없어서 이제 자신의 형제 시몬도 예수님께 데려가 소개를 해드려요.

오? 근데 예수님이 시몬에게는 반석이 될 자라며 베드로라는 멋진 이름을 선물하네. 어? 내가 첫 번째 제자인데 그놈

이 예수님의 수제자가 됐다네. 응? 나는 목숨을 걸어도 한 명 제대로 전도하기 힘든데, 그놈이 복음을 전하니 3천 명, 5천 명씩 회개하는 역사가 일어나네.

어땠을까요? 민망도 했을 것 같아요. 자격지심에 미칠 것 같고 솔직히 시기도 났을 것 같아요. 내가 빛이 나는 예수님의 주인공이 되고 싶었는데, 정작 빛을 내는 주인공은 제일 먼저 예수님을 따른 내가 아니라 나보다 늦게 따라온 다른 사람이었으니까.

자신의 이름이 제대로 불린 적마저 없었어요. 첫 번째 제자였음에도 매번 '베드로의 형제 안드레'로 불리며, 베드로의 '그림자' 같은 삶으로 전락한 듯 보인다 말이죠.

**그런데 그는
그런 그의 삶을 사랑했습니다.**

예수님의 곁을 가장 먼저 지켰던 그에게는
보였던 걸까요?

우리의 빛을 비춰주기 위해
'그림자'가 되어주려 달려오신 예수님의 사랑이요.

그렇게 예수님의 진짜 마음을 봤던 그는 이렇게 생각할 수 있지 않았을까요?

'아, 내가 정말 잊혀도 괜찮은 준비가 되지 않으면 절대 이 길을 갈 수가 없구나.'

우리 솔직히, 부르심의 자리를 간다 하면서도 사실 나보다 더 기억되는 누군가가 부럽고 그에게 시기심을 느껴요. 누가 나를 어떻게 보는가, 누가 나보다 잘나가는가, 누가 나보다 더 기억되는가, 이게 참 우리를 비참하게 만들어요. 내가 누구보다 작다, 내가 누구보다 힘이 없다, 내가 누구보다 느리다는 것이 얼마나 우리를 조급하게 만드는지 몰라요. 그래서 결국 억지로 속도를 내기 시작하면 우리는 그렇게 신앙의 레일에서 탈선하거나 탈진하게 됩니다.

그래서 깨닫게 돼요.

'빠르게' 가는 게 축복이 아니라,
'바르게' 가는 게 축복이구나.

누군가에게 가장 좋은 길을 내어주고 바르게 예수님과 살다 사라져줄 수 있던 그 삶, 그저 하나님의 들판에 핀 한 송이 꽃이었던 것에 진심으로 행복했던 한 제자,

그렇게 빛내줄 때,
가장 빛나는 사람.

무엇보다 밝게 빛나는 별도 사실
그림자가 없으면 보일 수 없는 거래요.

화가 무리요의 〈성 안드레의 순교〉라는 그림이 있는데, 이 그림을 자세히 살펴보면 X자 십자가에서 죽어가는 안드레를 비난하는 사람들 곁에서 홀로 울어주고 있는 한 남자가 보여요. 그 남자가 바로 안드레가 예수님께 데려갔던 오병이어의 소년, 보리떡 다섯 개와 물고기 두 마리를 들고 있던 그 소년이래요.

제자들과 사람들 모두가 그날 현실의 문제를 탓하고 있을 때 묵묵히 어린 자신에게 와서 내 손과 내 작은 도시락을 잡고 예수님께 끌고 가줬던 한 사람, 작은 나에게 믿음이 무엇인지 목격하게 해줬던 그 한 사람, 내 작음으로 예수님을 만나게 해준 고마웠던 그날 그 한 사람, '안드레'.

평생 빛도 없이 누군가를 위한 그림자로 살았던 그가 그 소년에게는 진짜 작은 거인이었고, 고마운 빛이었던 거예요.

상상해 봤어요. 안드레는 마지막 저 날 십자가 옆에서 자신을 위해 울어주는 소년을 보며 이렇게 말하지 않았을까요.

"주님,
후회 없네요.
행복했네요.
충분했네요."

그리고 안드레를 마중 나오셨을 예수님도
그를 안아주시며 그러지 않으셨을까요.

"누군가를 비춰주기 위해
그림자가 될 수 있었던 그 길은 어떠했느냐?
아들, 넌 날 참 닮았었다."

오, 그리스도 예수여
나를 받아주소서.
내가 보았던 그분,
내가 사랑했던 그분,
그분 안에서 나는
내가 될 수 있도록하네다.

- 안드레의 마지막 기도문 (전승)

나는 절대 이것을
내려놓을 수 없다

마라톤 본 적 있으세요? 어릴 적에 부모님과 마라톤 경기를 보는데 너무 인상 깊었던 장면이 있었어요. 열심히 달리던 선수들이 드디어 물이 준비되어 있는 지점에 와서는 물을 그냥 한 모금만 살짝 마시더니 바닥에 착 다 버리고 다시 달려가는 겁니다.

'와, 진짜 얼마나 마시고 싶었을까. 얼마나 더 마시고 가고 싶었을까.' 그런데 선수들 그 누구도 '아, 이거 가다가 또 필요할 때 마셔야 하니까 다 챙겨가야지' 하고 물을 챙겨가지 않는 거예요.

왜요?

**반드시 필요한 그때에
거기 또 물이 있을 것을 알고 있기 때문입니다.**

그러니까 그 물을 기꺼이 착 뿌리고
다 내려놓고 갈 수 있더라고요.

우리에게는 분명 신앙은 있으나
이런 유혹과 싸우는 시간이 꼭 오고는 합니다.

"주님, 저 사실 이거 못 내려놓겠어요. 저 포기할 수 없어요. 이번 딱 한 번만 정직하지 못하더라도 이 유혹을 꼭 잡아야 해요. 신앙도 좋지만 이제 세상의 것들도 챙기면서 가야 잘 살 수 있어요. 이렇게 해야 나중에 제가 잘 되어서 주님께 더 영광 올려드릴 수 있는 거 아니겠어요?"

언젠가 다시 그리운 본향으로 돌아가기 전까지 이 땅에서의 한 번뿐인 경주를 열심히 달리고 있는 중인데, 원수가 늘 우리를 이 경주 가운데에서 간단하게 넘어뜨리는 방법이 있어요.

**자꾸 이 믿음의 경주 중에
좋아 보이는 것들은 다 챙겨가라고 하는 겁니다.**

마라톤 선수들이 긴 거리를 가는 데 물도 필요하고, 도시락도 필요하고, 심심할 때 볼 패드도 필요하니까 다 막 배낭에 챙겨서 레이스를 뛰는 거 보셨어요? 아니요! 그런데 원수는 늘 경주 가운데 이렇게 말을 걸어요.

"야, 너 아무리 은혜로 가는 길이라도 이거 없이 가는 인생은 재미없을걸? 신앙도 좋지만 이것도 같이 안 챙겨가면 결국 나중에 네 인생만 망해 있을걸? 믿음도 믿음이지만 이런 기회들은 미리 욕심내서 챙겨놔야 나중에 믿음 생활에도 도움이 될걸?"

아니요!

진짜 믿음의 경주는
믿음의 주, 날 반드시 온전케 하시는 주님이
내가 필요한 그때에!
거기에!
영원히 마르지 않을 생수와 함께!
때마다 채우심으로!
기다리고 계실 것을 믿고
그 길 끝까지 달려가 보는 겁니다.

"모든 무거운 것과 얽매이기 쉬운 죄를 벗어 버리고 인내로써 우리 앞에 당한 경주를 하며 믿음의 주요 또 **온전하게 하시는 이인 예수를 바라보자**"_히브리서 12:1-2

우리 주님, 이렇게 말씀하고 싶지 않으셨을까요?

"얘야, 믿어.
반드시 가장 완벽한 시간에 널 위해 기다리고 있을게.
달려오는 너를
때마다 가장 온전하게 준비하고 기다리고 있을게."

그러니 그대,
그 얽매이기 쉬운 유혹의 물을
착 뿌려버리고 달려와도 괜찮아요.

내려놓고 와야 주님이 주시려고 들고 계신 물을 잡죠.
가장 온전하게 채워주실 예수님이
당신의 그 코스에 반드시 기다리고 계실 겁니다.

누군가 그러더라고요.
"김 목사, 당신은 절대 세상 물정을 몰라."

맞아요,

그런데 세상 물정이라는 것은
세상을 창조하신 하나님을 알 때야 비로소
가장 완전하게 알 수 있는 것 아니겠습니까.

믿어주라,
가장 완벽하게 기다리고 있을게.

나는 천둥입니다

진짜 무서운 우리의 본능이 한 가지 있다면,

**예수님께 '사용 받고 싶은 인생'을 살겠다고 말하나
사실 예수님을 '사용하고 싶은 인생'을 산다는 거예요.**

오늘날 수많은 SNS 문화에서 보는 것처럼 나의 존재가, 나의 영향력이 사람들의 기억에 남아 인정되었으면 하는 그 욕망의 본능 말이죠.

바리새인들과 서기관들이 예수님과 동행할 수 없는 대명

사로 여겨졌던 이유는, 겉은 그 누구보다 하나님의 말씀을 위해 사는 것처럼 보였으나 사실은 나의 이상을 이루어내기 위해 하나님의 말씀을 도구로 쓰는 그 '교만' 때문이었습니다.

하나님의 이름으로 최선을 다해 앞장서서 섬기는 교회 생활, 하나님의 이름으로 열심히 준비하고 결과물을 냈던 멋진 사역들…. 하지만 그 속에 내가 남기고 싶은 나의 이상과 바람만 있고, 하나님이 남기고 싶은 마음은 무엇일지에 대한 관심이 없다면, 예수님과 동행할 수 없었던 그 바리새인들과 내가 사실은 다를 것이 없는 겁니다.

그러던 어느 날, 감히 하나님 이름으로 잘 나가고 있는 우리의 사역과 이상을 방해하는 존재, 세례 요한이라는 자가 그날도 그들에게는 도무지 용납되지 않았나 봅니다. 갑자기 나타나 우리보다 훨씬 더 많은 팔로워를 끌어모으는 그의 존재가 눈엣가시로 여겨진 거죠. 그래서 그들이 요한에게 달려가 정체를 소개하라고 합니다.

"네가 누구냐"_요한복음 1:19

세례 요한, 그가 자신이 쥐고 있던 영향력으로 교묘하게 자신의 이름을, 자신의 이상을, 자신의 나라를 구축하고 자랑할 수 있었을 그때에, 그가 예수님이 오실 길에 남겨드리고 싶었던 마음은 분명했습니다. 그는 흔들리지 않고 고백합니다.

"**나는** 광야에서 … 외치는 사람의 **소리입니다.**"

_요한복음 1:23(쉬운성경)

나는 소리입니다.

그 광야 사막에서
"아" 하면 흔적도 없이 몇 초 안에 사라지는
그 소리가 바로 나라고 말하는 거예요.

"나는 사라집니다.
흔적도 없이 사라질 겁니다.

내가 지나간 자리에는 소리가 남기고 간 진짜 주인공,
그 예수만 남아 있게 될 것입니다.
나는 그런 소리로 살다 갑니다."

그때 요한을 따르던 제자들이 와서 억울함과 속상함에 소리치는 거예요. 큰일 났다고! 스승님, 우리 팔로워들 다 떠나게 생겼다고! 바보같이 그렇게 겸손 떨고 계실 때 우리를 따르던 성도들은 다 저 예수라는 젊은 리더에게 넘어가고 있다고!

그런데 요한은 웃으며 얘기할 수 있었던 겁니다.

"얘들아…
우리 사라지자, 이제.
우리 이제 내어드리자.
이제 그분의 자리다.
우리도 기꺼이 이제 그분을 따라가자."

메시지 성경은 이렇게 요한의 말을 기록하더라고요.

"I'm thunder in the desert."
(나는 광야의 '천둥'입니다.)

그렇게 피를 토하듯
누구보다 가장 크고 우렁찬 소리로 예수님을 위해 절규하고
그러나 가장 빠르게 예수님만 남기고 사라지는
그런 천둥의 소리로 살고 싶었던 삶.
그것이 예수님께서 자신의 길을 먼저 믿고 맡기실 수 있었던
그 도구의 '겸손'이었습니다.

먼 땅에 계신 너무나 소중한 선배 목사님이 제가 한창 미디어 사역의 미혹과 내가 주인공이 되는 것 같은 무서움 속에서 울며 고민하던 날, 이런 편지를 저에게 보내주셨어요.

"우리가 언제 단에서 내려와야 하는지 아니?
하나님의 말씀을 전하는 자리가 두렵지 않을 때야.
내가 기억될까 봐,
하나님의 말씀이 나로 인해 흘러가지 않게 될까 봐
늘 우리는 두렵고 떨려야 해.

나의 이상과 나를 봐주는 팔로워들을 위해
하나님의 말씀을 이용하기 시작했다는 것이
우리에게는 제일 무서운 저주인 거야.
언젠가 우리 둘 다 그분이 말씀을 전하라고 주신 자리가
두려움과 떨림이 아니라면,
우리 서로에게 같이 이제 내려오라고 해주자.
우리 찌질하게 그분 이름 이용해서 내가 남으려고 하지 말자.
주저 없이 늘 두렵고 떨림으로 예수님만 남기고 내려오자.
이 길 같이 가는 내 동생, 내 동역자여,
그렇게 우리 사라지자."

겸손이란 바보가 되는 것이 아닐 거예요.
기억했으면 좋겠어요, 꼭.

겸손이란 연약해지는 것이 아니라,
연약한 내가 가장 강한 하나님의 것이 되는 거래요.

세상이 우리에게 무지하다고,
대체 왜 그 하나님 때문에 바보처럼 사느냐고,

그렇게 겸손 타령하다가 아무것도 모르고
호구같이 살면 뭐할 거냐고 말할 때
잊지 말자고요, 우리.

다 아는 것보다 강한 것은
다 몰라서 하나님만 아는 거래요.

다 아는 것보다 강한 것은
다 몰라서 하나님만 아는 거래요.

나 여기 끝까지 서 있는
　　나무가 되게 하소서

우리는 그렇게 예수님의 마음을 배워야 한다고 들어왔는데, 그럼 어떤 예수님의 마음을 배워야 하는데요?

"그리스도 예수의 마음을 배우라 그것은 자기를 십자가에 곧 **죽기까지 낮추시고** 붙잡아내셨던 그 '**순종**'의 마음이다"
_빌립보서 2:5-8 참고

그래서 죽기까지 복종하신 그 순종의 마음을 배워보고자 매년 교회의 중요한 절기마다, 행사마다, 훈련마다 결단도 하고, 프로그램도 따라가 보는데 참 그 순종을 한다는 게 왜 이렇게 쉽지가 않은지요.

그 십자가 순종을 향하셨던 첫 출발에 우리 예수님 40일을 금식하시고 마귀에게 시험을 당하러 가신 사건이 있지 않습니까? 그런데 예수님의 눈을 똑바로 보며 마귀가 말하죠.

"네가 만일 하나님의 아들이어든 명하여 이 돌들로 떡덩이가 되게 하라"_마태복음 4:3

이게 무슨 말이에요?

**왜 너 자신을 이렇게 멍청하게
부인하고 비우고 있느냐는 겁니다.**

"네가 누군데! 하나님의 아들이었지 않냐! 하늘의 왕자가 아니었냐! 나도 네 앞에서 기었던 천사가 아니었냐. 네가 여전히 그런 하나님의 아들이라면 네 배를 채우라고! 돌을 떡으로 바꿔놓으라고! 네 권리를 지키고, 워라밸 누리고, 그 거지 같은 '순종'이라는 것 때문에 네 이득을 버리지 말라고. 날 내려다보던 네가 지금 내 앞에서 다 쓰러져가는 모습으로 내 눈높이와 마주하게 된 수준을 좀 보라고. 예수, 너도 이미 보이지 않는가. 네가 갈 길에 너를 끝까지 사랑해 줄 그런 인간들이란 없을 거란 것이. 그러니까 '순종'이고 나발이고 당장 너의 '권리'를 챙겨 먹으라고!"

그런데 우리 예수님, 그 날카로운 소리들 앞에서 끝까지 자신을 버리신 거예요. 오직 당신만 보였기에 십자가에 도착하시기 위해 자신을 부인하고 '순종'을 지켜내셨던 거예요.

그래요.

'내가 사랑하는 이의 원함'이
'내 원함'보다 높아지는 그때,
우리는 그렇게 나를 부인하며
순종을 지켜낼 수 있게 되는 건가 봐요.

그런데,
우리가 이미 느끼고 있는 심각한 문제가 있지 않습니까.

**내가 소망하고 도달해야 할 목표에
도착해 낼 힘이 없다는 겁니다.**

어느 지점까지 내가 닮아내야 하는지 너무 잘 배워서 알겠는데, 가야 할 길을 모르겠어서 절망하는 게 아니라 더 이상 내게 나아갈 힘과 자격이 하나도 남아 있지 않다는 것을 알아버려서 절망스러운 거예요. 나를 버리는 순종은 무슨, 결국 다시 나의 배를 채울 것을 찾을 모습이 훤하다고요.

사순절 설교를 위해 어느 집회에 설교를 갔는데 그 교회 본당에 이런 슬로건이 보이더라고요.

'세상의 물살을 순종으로 거슬러 올라가는 제자로 살자!'

곧바로 들어왔던 생각은 하나였습니다.
'하, 주님. 말이 쉽죠….'

이미 예수님을 포기하고 누리고 있는, 그렇게 양다리 걸치고 있던 내 욕구와 이득이 계속 쌓여만 가서 죽겠는데, 세상의 물살을 거스르는 순종을, 나를 낮추고 부인하는 순종을 어떻게 할 수 있겠냐는 거예요. 이미 난 세상이 무서워 죽겠는데! 그 유혹이 내 순종보다 강한 것 같은데!

그런데 설교단에 올라가기 전 기도하는 청년들의 모습을 보는데, 문득 이런 기도가 나오는 겁니다.

"하나님,
우리가 물살을 거스르며 올라갈 수는 없어도
적어도 그 자리에 버티고 설 수는 있지 않겠습니까.

세상이 초라하다 말한 당신의 십자가가
그 땅에 꽂혀 죽음을 가른 것처럼
이 초라한 내가 당신이 순종해 주라 맡기신
그 마음에 버티고 서 있을 수만 있다면
내려오는 물살이 나로 인하여 갈라 쪼개지지 않겠습니까.

그렇다면 주여,
저희가 여기 끝까지 버티고 서 있는 나무가 되게 하소서."

세상이 우리에게 "그렇게 매일 너희가 예배하고, 묵상하고, 절기 지키고, 훈련받고, 나누고, 결단한다고 뭐 진짜 세상에 나와서 순종하기는 해? 네가 진짜 세상을 이기는 그리스도인이라 할 수 있겠냐고. 결국 뭐가 달라졌냐고, 네가!"라고 묻는다면 적어도 우리 이렇게 대답할 수 있어야죠.

"부끄럽습니다. 나도 내가 받은 사랑이,
그분이 날 위해 순종하신 싸움이 어떤 싸움인지 알아서
이것밖에 순종하지 못하는 것이 괴롭고 부끄럽습니다.

그런데 나 그렇게 매번 세상을 거슬러 이기며 올라가는
멋진 그분의 영웅은 되지 못해도,
우리 예수님이 내게 맡기신 마음, 맡기신 눈물,
맡기신 그 자리에 어떻게든 있으려고, 지키려고
십자가 붙들고 매일 쓰러지는 나를 일으키며 싸웁니다.
이길 순 없을지라도 또 버티기 위해 나 싸웁니다.
그게 내가 그분께 받은 십자가, 내 순종입니다.

그럼 이렇게 초라하고 버티는 게 전부인 나란 나무를 통해서

**언젠가 하나님의 때에 나를 지나가려는 세상의 물결이
갈라 쪼개지지 않겠습니까….''**

어느 교회 집회에 설교를 갔는데
한 학생이 예배가 끝나고 달려와 물어보더라고요.

"어떻게 하면 제 믿음이 요동하지 않을 수 있을까요?"

제가 대답했습니다.

**"요동하지 않는 믿음, 세상에 그런 건 없습니다.
믿음은 요동침에서 탄생하는 겁니다."**

이렇게 기도할 수 있기를 바랍니다.

"요동치기까지,
흔들리기까지,
부르신 그 자리에 끝까지 서 있는
그런 나무가 되게 하소서."

우리가 비록
왕좌를 거느며 올라갈 수는 없어도

우리가 그 자리에서
버티고 서서 무너 있지 않겠습니까.

내 모습 이대로　　　사라진 저주　　　할아버지의
사랑하시나　　　　　　　　　　　　보청기

Part 5

저 정말
할 만큼 했어요

그래도 우리가
사랑해야 하는 이유

내 모습 이대로
　　사랑하시나

그런 화가 나는 날이 없으신가요?

풍성한 삶과 복된 기쁜 삶을 기대했는데, 하나님은 나를 있는 모습 그대로 내버려두지 않으시고, 자꾸만 어떤 상황으로든, 어떤 방법으로든,

나를 계속 건드시는 겁니다.

'하나님, 저 좀 내버려두시면 안 돼요? 저를 안 건드리시면 안 될까요? 하나님을 믿고 난 후로 오히려 괜찮은 게 더 없

어진 것 같아요. 하나님이 자꾸 건드시니까 믿고 난 뒤로 제 숨이 더 벅차요. 그러니까 주님, 늘 그 은혜의 말씀을 다 기억하고 믿으며 살 테니까 제 모습 이대로 사랑하신다면 그냥 저 좀 내버려두시고 제가 힘들 때만 도와주시면 안 될까요?'

예수님이 네 가지 밭의 비유를 말씀하신 적이 있어요.

"말씀의 씨앗이 떨어져도 절대 열매를 맺을 수 없는, 그분의 능력과 기적을 맛볼 수 없는 밭들이 있다!"

그게 무슨 밭들이었어요? 길가 밭, 돌 밭, 가시 밭이었습니다. 반대로 다른 좋은 밭에 말씀이 뿌려졌더니 30배, 60배, 100배가 맺혔다는 겁니다. 그 열매를 절대 맛볼 수 없었던 땅과, 열매를 맛보게 된 땅의 유일한 차이가 있더라고요.

있는 모습 그대로 둔 땅과,
있는 모습 그대로 두지 않은 땅이라는 겁니다.

주인의 풍성한 땅이 되는 핵심은,

**농부가 절대 그 땅을
'있는 모습 그대로 두지 않았다'는 것에 있습니다.**

처음에는 그 밭도 좋은 땅이 아니었죠. 그냥 길가고, 돌 밭이고, 가시덤불이 쌓이는 밭이었죠. 그러나 씨앗을 심기 위해서 길도 갈고, 돌도 거두어내고, 가시덤불이 있으면 가시랑도 싸워 거두어내고, 물도 부어 딱딱함도 없애고 관리를 해서 그 땅을 절대 그대로 두지 않았던 겁니다.

땅의 입장에서는 농부가 자꾸 쟁기로 날 긁어내고, 내 돌들을 다 가져가고, 내 가시도 가져가고, 숨도 못 쉬게 물을 부어대는 거예요. 농부가 날 있는 모습 그대로 가만히 내버려두지 않아요.

아,
**땅에 생명이 피어나기 위해서는
땅을 가만히 두면 안 되는 거였습니다.**

잊으면 안 돼요.

하나님은 당신을 있는 모습 그대로 사랑하십니다.
그러나 당신을 절대 있는 모습 그대로 두지는 않으십니다.

사도행전 26장은 사도 바울이 죄수의 신분으로 절대 권력자 세 명, 로마 총독 베스도와 헤롯 아그립바와 그의 누이 버니게 앞에서 심문을 당하는 내용이에요. 태연하게 복음을 전하고는 있지만, 사실 하루하루 죄수처럼 심문받으며 괴로움의 시간, 두려움의 시간, 찢어지는 시간을 보내고 있었죠. 그의 인생을 보는데 얼마나 주님이 그의 밭을 계속 갈아내시고 치우시는지 깨달아지더라고요.

다메섹 도상에서 부름을 받을 때 그는 처음 갈아엎어집니다. 투철한 바리새인 정신의 유대인이었던 그가 자신이 그토록 부정했던 메시아 예수를 만납니다. 우리 입장에서는 은혜로운 장면이지만 그에게는 하늘이 무너지는 날이었죠. 내가 진리라 여겼던 것들이 한순간에 무너진 겁니다. 그 과정에서 그는 눈이 멀기까지 하면서 예수님을 영접합니다.

그런데 주님은 멈추지 않고 그를 더 갈아엎으세요. 그는 그런 기적적인 부르심을 받고도 13년 동안 무명과 은둔의 시간에 갇힙니다. 고향으로 돌아가 무시와 오해를 견뎌내야 했던 거죠. 그 정도로 인내의 시간을 보냈으면 이제 주님도 멋지게 그냥 쓰시면 되는데, 자꾸 하나님이 건드시는지 고통이 찾아오는 거예요.

"내가 **수고를 넘치도록 하고** 옥에 갇히기도 더 많이 하고 **매도 수없이 맞고** 여러 번 죽을 **뻔하였으니** 유대인들에게 사십에서 하나 감한 매를 다섯 번 맞았으며 세 번 태장으로 맞고 한 번 돌로 맞고 세 번 파선하고 일 주야를 깊은 바다에서 지냈으며 여러 번 여행하면서 강의 위험과 강도의 위험과 동족의 위험과 이방인의 위험과 시내의 위험과 광야의 위험과 바다의 위험과 거짓 형제 중의 **위험을 당하고** 또 **수고하며 애쓰고** 여러 번 **자지 못하고 주리며 목마르고** 여러 번 **굶고 춥고 헐벗었노라**"_고린도후서 11:23-27

이게 얼마나 괴로운 하루하루입니까?
계속되는 고통 속에서 그는 끊어질 듯 갈려 가고 있어요.

하나님이 계속 그의 인생을 건드세요.
은혜만 누리면서 살고 싶은데
자꾸만 그의 삶을 갈아내고 숨을 못 쉬게 하세요.

그럼 이 정도로 하나님 만나고, 예수님 만나고,
복음을 만나서 하나님이 건드시고 만지시는 대로
깨지고, 갈아엎어지며, 순종하고 있다면
하나님도 그를 가만히 내버려두지 않았던 시간만큼
그의 간절한 기도제목 하나 정도는 들어주시면
좋지 않겠어요?

그런데 그것마저도 하나님에게는 어려웠던 것일까요?

"여러 계시를 받은 것이 지극히 크므로 너무 자만하지 않게 하시려고 **내 육체에 가시 곧 사탄의 사자를 주셨으니** 이는 나를 쳐서 너무 자만하지 않게 하려 하심이라 이것이 **내게서 떠나가게 하기 위하여 내가 세 번 주께 간구하였더니** 나에게 이르시기를 내 은혜가 네게 족하도다 이는 내 능력이 약한 데서 온전하여짐이라 하신지라"_고린도후서 12:7-9

그의 간절한 기도제목, 몸의 불치병이 있었나 봅니다. 그에게 이 병이 얼마나 큰 고민이었으면 세 번이나 하나님께 진지하게 간구했을까요. 그런데 하루하루 그의 마음은 더 하나님 때문에 시험에 들고 무너지지 않았을까요. 왜요? 그가 남을 위해서 기도할 때는 그 병들이 다 낫는다 이 말이에요. 심지어 죽은 청년도 자기 기도로 살리는데, 자기 몸은 무슨 짓을 해도 안 낫게 하시는 거예요! 그럴 때마다 하나님을 향하여 그가 얼마나 복잡한 마음이 들었겠어요. 얼마나 억울하고 울화가 치밀어 올라왔겠어요.

서운해서, 아파서, 더는 이제 못 참겠어서
순종하던 길에 그냥 주저앉아 버리면서
이렇게 말할 만했던 거 아니에요?

"주님, 저 좀 그만 건드리세요!
저를 만나주신 이유가 이런 거예요?
그냥 저를 있는 그대로 사랑해 주신다면
그냥 저를 있는 그대로 내버려두세요!"

그런데 바울에게 결론은 이미 분명했나 봅니다.

"그러므로 도리어 크게 기뻐함으로 나의 여러 약한 것들에 대하여 자랑하리니 **이는 그리스도의 능력이 내게 머물게 하려 함이라** 그러므로 내가 그리스도를 위하여 약한 것들과 능욕과 궁핍과 박해와 곤고를 기뻐하노니 **이는 내가 약한 그 때에 강함이라**"_고린도후서 12:9-10

그에게는 평생토록 고백할 수밖에 없는 믿음 하나가 있었던 겁니다.

'**내게 있는 이 약함이
나를 그리스도 안에 있게 만드는 것이구나.
나의 이 약함이
그리스도의 강함을 만나게 하는구나.**'

그런데 사탄은 내 안에 자꾸 이상한 생각을 집어넣습니다.

"너 있는 모습 그대로 충분해. 하나님이 널 안 건드려도 넌 이미 충분해. 너 이렇게 힘든데 하나님이 자꾸 건드리는 거? 그거 그분 욕심이야! 그거 잘못된 거야. 그런 하나님이 세상에 어디 있어! 너 있는 모습 그대로! 네가 하고 싶은 대로 살아!"

자꾸, 하나님의,
그 농부의 건드리심을 거절하고 도망치라는 거죠.

그렇게 내 모든 커리어가 무너지는 때가 있고, 열심히 잘 달리고 있는데도 아무도 날 알아주지 않는 때가 있고, 아무것도 할 수 없어 방에만 틀어박혀 있을 때가 있고, 사명 감당하려 했더니 왜 이리 방해는 많고 몸은 아픈지 싶은 때가 있어요.

그러나 기억했으면 좋겠어요.

**그분이 내 밭을 건드려주시지 않고는
어떤 풍성함도, 어떤 능력도, 어떤 열매도 없는 겁니다.**

크고, 작은 고난이 있지만
아픈 만큼 우리는 깊어질 것이고
깊어진 만큼 풍성히 맺는 농장이 될 것입니다.
훈련이 근육을 키워내듯,
고난은 영혼을 단련할 것입니다.

잘 봐요, 생명이 피어나고 있을 테니.

하나님은 당신을
있는 모습 그대로 사랑하십니다.
그러나 당신을
있는 모습 그대로 두지는 않으십니다.

사라진 저주

목마르지 않아야 한다는 거 다 아는데,
날 살리신 생수를 아는 내가 이러면 안 된다는 거 다 아는데,
그 큰 은혜를 받아놓고 또 뻔뻔하게
유혹을 택하며 넘어지고 있는 내 현실에,
내가 이길 수 없는 이 끝없는 세상 속 목마름에,
마치 내가 영원히 목마른 '저주'에 걸린 것 같아 괴로워요.

창세기를 보면, 아담과 하와도 하나님과 매일같이 동행하는 은혜를 누려놓고 하나님의 명령에 불순종해서 선악과를 따먹었잖아요?

그럼 누가 죄인이죠? 아담과 하와죠!

죄의 대가를 받아야 합니까, 안 받아야 합니까?
대가를 받아야죠! 그게 '공의'죠.
그 죄의 대가인 '사망의 저주'가 떨어져야 한다는 겁니다.

그런데 에덴동산으로 가보면 굉장히 이상한 장면이 등장해요. 죄는 아담과 하와가 다 저질러 놓고, 그 죄의 대가인 '저주'는 아담과 하와를 유혹한 뱀, 즉 사탄이 몽땅 받아버리는 거예요. 분명 사탄은 선악과 사건의 아주 못된 원인이 맞아요. 그런데 이 정도 상황이 되면 사탄도 억울해서 할 말이 있다는 거죠.

"아니, 하나님, 결론적으로 죄를 저지른 것은 아담과 하와인데, 멸망하게 되는 저주는 왜 나 혼자 다 받는 겁니까? 막말로 당신의 명령을 개무시하고 반역한 것은 당신이 그날 좋다고 예쁘다고 만들어낸 저 인간들 아니었냐고요! 당신이 저 인간들 사랑하기 위해 창조하겠다는 계획을 천사들 모아놓고 읊을 때부터 마음에 들지 않아서 내가 내 발로 당신을 배신한 것은 맞지만, 죄를 저지른 것은 당신의 자식들인데 왜 나한테만 저주를 뒤집어씌우냐는 겁니다. 이게 당신이 말한 공의입니까!"

그리고 더 억울한 존재가 땅이에요.
아무것도 안 하고 그냥 멀뚱히 있기만 했는데
하나님은 이렇게 말씀하시는 거예요.

"아담아, 너 때문에 땅이 저주를 받을 것이다."

그래서 땅이 영원히 가시와 엉겅퀴를 만들어내며 살게 된 겁니다. 그런 다음 하나님은 아담과 하와에게는 아까의 저주랑은 비교도 안 되는 작은 회초리로, 해산의 고통과 땀 흘리는 고생의 고충만 주신 거예요.

기억해야 할 것은,

**하나님은 자신이 말하고 만드신 룰을
반드시 지켜야 하는 '공의의 하나님'이란 사실입니다.**

만약, 하나님이 사탄과 땅에게만 저주를 내리시고 자신이 만든 인간들에게는 적당하게 고통을 주는 회초리로만 끝내셨다? 이것은 하나님이 자신을 부인하는 일이었고, 공의의 하나님이 사탄 앞에서 자신이 틀렸다는 것을 인정하는 것과 마찬가지였어요.

한마디로,
하나님은 반드시 인간을 저주했어야 합니다.

하나님의 자존심은 박살이 났고,
사탄은 하나님을 비꼴 수 있게 된 겁니다.
마치 이렇게요.

"하나님이여, 당신은 세상을 공의로 심판하시는 여호와 하나님 아닙니까? 내가 찬양 인도자 시절 때 당신의 메시지에서 공의에 대한 얘기만 수천 번은 들었던 것 같은데? 그 하나님 다 죽었습니까? 이런 작은 연민에 휘둘려서 여호와라는 분이 자기 마음대로 그렇게 본인이 떠들어대던 공의를 어기셔도 된다 이 말입니까?

하나님이여, 당신은 틀렸고 내가 맞았습니다! 당신이 저 인간들을 만든다고 했을 때 난 이미 그들이 그렇게 쉽게 당신을 배신할 미천한 자식들인지 알고 있었다고요! 내가 당신을 이긴 겁니다! 공의를 만든 하나님이 자기가 만든 인간들이라고 이렇게 공의를 무시하다니, 당신은 완벽하게 나한테 진 겁니다!"

**그러니 하나님이 패배한 것이 아니라면
인간은 반드시 저주를 받았어야 합니다.**

그런데 그 저주가 사라진 겁니다.
대체 어디로 사라진 걸까?

**그 저주는 시간을 건너 신약에서
'한 인간'에게 온전히 다 뒤집어씌워집니다.**

"그리스도께서 우리를 위하여 **저주를 받은 바** 되사 율법의 저주에서 우리를 속량하셨으니 기록된 바 **나무에 달린 자마다 저주 아래에 있는 자라** 하였음이라"_갈라디아서 3:13

영어 성경을 보면 더 정확합니다.
"He becomes curse for us."

**예수님이 우리를 위해 인간이 되어
저주를 받으신 것이 아니라,
저주 그 자체가 되어버리기로 하셨던 겁니다.**

창세기, 사탄의 놀림 앞에 하나님은
'패배'하고 계셨던 것이 아니라,

다짐하고 계셨던 겁니다.
나를 사랑할 다짐이요.
나를 살려낼 다짐이요.
본인이 대신 저주받을 인간 그 자체가 되실 작정이요.

"인간을 저주해야 한다면, 그 저주, 내가 가져가겠다.
아니 내가 그 저주가 되겠다. 내가 인간이 되겠다.
그리고 내가 그 저주를 끌어안겠다.
아니 내 온몸이 그 저주가 되겠다.

내 살과 피를 찢어내겠다.
내 손으로 만든 내 피조물들 손에
내가 벌거벗겨져 죽어도 괜찮다.
그 저주, 내가 되겠다."

그날 저주를 인간에게 내리지 않으셨다는 것은,
하나님이 공의를 어기고 저주를 무시하신 것이 아닙니다.
그 저주를 자기 자신에게 퍼붓기로 작정하셨던 겁니다.

인간이 되신 예수님,
그 나무 위에서 정말 이렇게 우셨어요.

"엘리 엘리 라마 사박다니"_마가복음 15:34

정말 완벽히 저주가 되어버리셨기 때문에, 절대로 단 한순간도 떨어질 수 없었던 하나님 아버지와 아들 예수가 완전하게 떨어져 버리는 처음 겪는 분리의 순간이 일어났던 겁니다. 그렇게 진짜 단 하나의 티끌도 남김없이 모든 저주를 자신의 몸에 들이붓고 끝내셨던 겁니다.

그런데

사람들이 복음을 외면하고 예수를 매달아 올린 그날,

사탄이 샴페인을 터뜨리며 메시아의 죽음에 승리를

자축하고 있을 그 마지막 순간,

예수님이 죽음 직전에 십자가 아래를 바라보시며

메시아의 죽음에 어울리지 않는

너무 뜬금없는 한마디를 남기십니다.

"내가 목마르다"_요한복음 19:28

사탄도 눈치채지 못하고, 그 누구도 그 이상한 말을 눈치채지 못하고 있을 때, 딱 한 사람만큼은 예수님의 그 말이 무슨 뜻이었는지 제대로 알았을 겁니다.

예수 그리스도라는 생수를 마셨던,

자신이 붙잡고 살았던 세상의 우물을 버리고

그 복음의 생수를 만났던 여인,

예수님이 십자가에 달리신다는 소식을 듣고

그 골고다 언덕 십자가 아래까지 쫓아갔을 여인,

사마리아 여인이요.

세상 속에서 끝없이 터진 웅덩이를 팠던 내게 그날 걸어오셔서 먼저 말을 걸어주셨던 그분이, 영원히 목마르지 않을 생수로 자신을 내어주시고 내 끝없는 세상의 목마름을 가져가주셨던 그 예수님이 이제 십자가 위에서 말씀하시는 거예요.

"이제 됐다. 내가 목마르다."

그 말이 어떤 의미인지 아무도 몰랐어도
그녀에게는 분명히 들렸을 겁니다.

"딸,
네 목마름은 이제 내 거야.
그러니까 넌 이제 살아.
내가 빠짐없이 가져가마.
빠짐없이 내가 대신 버려지마."

그렇게 다 자신의 몸으로 가져가신 예수님은
자신이 승리했다 오만에 빠져 있던 사탄마저 아차 했을
이 땅에서의 마지막 말을 남기세요.

테텔레스타이(Τετέλεσται)
"다 이루었다."

그대, 은혜가 무엇인지 잘 봐요.
그 저주는 이미 예수님 것입니다.

바람없이 가져갈게.
아가, 너는 살아.

할아버지의 보청기

"주님, 조금 더 큰 목소리로 저에게 나타나주실 순 없을까요? 그렇게 숨어 계시듯이 아니라 더 명확하게 나타나주시면 어떤 유혹과 슬픔에도 믿음이 흔들릴 일이 없지 않겠습니까?"

아무리 다짐하고 결심해도 결국 또 똑같은 넘어짐에 허덕이는 내 모습에 지쳐서, 그러나 그럴수록 더 희미해지고 보이지 않는 것 같은 하나님의 응답에 속상해서 저런 일기를 쓴 적이 있더라고요.

막 20대가 됐을 때는 사랑은 '희생과 헌신'이라고 생각했던 것 같아요. 그래서 희생하고 헌신적인 사랑을 했더니 무슨 사랑이 벌칙 같은 거죠.

20대 중반에 가니까 사랑은 역시 이 한 몸 불태울 수 있는 '열정과 열심'이구나 생각합니다. 그러니까 또 사랑이 금방 너무 지쳐요. 이제는 연애를 좀 쉬고 싶다 생각하게 되는 거죠.

그런데 30대가 되고 주위에 정말 존경스러운 부부들을 보면서 요즘 깨닫는 것은, **사랑은 '눈치' 하나면 장땡이라는 것입니다.**

사랑하는 사람에 대한 관심이 있으면 내 사람이 늘 신경 쓰이고, 내 사람에게 예민해집니다. 진짜 사랑 잘하는 분들을 보면 늘 꾸준한 관심을 사랑하는 사람에게 주는데, 그러다 보니까 내 사람이 원하는 것이 무엇인지 눈치를 빨리빨리 채더라고요.

사랑하면 예민해지는 거더라고요.
그리고 예민해지면 보이지 않던 것들이 보입니다.

다른 이들의 눈에는 절대로 보이지 않는
내 사랑하는 이의 표정이, 감정이
나에게만 보이기 시작하는 게 '사랑'인 것 같아요.

그리고 그렇게 내 믿음이
사랑하기 때문에 예민해지게 될 때
보이지 않던 하나님의 마음이,
들리지 않던 하나님의 소리가
어떠한 방법으로든 내게 들어오기 시작하는 겁니다.

저희 가족이 귀가 잘 안 들리는 할아버지에게 엄청 비싼 보청기를 선물했어요. 그 성능 좋은 보청기를 낀 날, 다 같이 식당에 갔는데 주변 소리가 너무 잘 들리니까 할아버지가 처음에는 엄청 고생을 하시더라고요. 그런데 신기한 게, 이젠 가족들 귀가 안 좋아지는 것 같더랍니다.

무슨 말이냐고요? 원래 할아버지는 귀가 잘 안 들리니까 말씀하실 때 엄청 크게 소리를 내셨어요. 정말 주위 사람들 귀가 아플 정도로 어디를 가든 쩌렁쩌렁 화내듯이 소리를 치셨죠. 그런데 이제는 언제 어디서 말을 하든 자신의 목소리가 제일 잘 들리니까 그때부터 너무 작게 말씀하시는 거예요. 그날 저는 식당에서 한 가지 깨닫게 된 것이 있었어요.

**소리가 들리지 않으면
내 소리가 커지는구나.
소리가 잘 들리면
내 소리는 작아지는구나.**

우리의 영혼이 하나님께 예민하지 않을 때,
그래서 하나님의 소리가 잘 들리지 않을 때
반드시 내 목소리는 커집니다.
하나님의 마음이 들리지 않으면,
내 자아의 소리는 십자가보다 자꾸 커지려 하는 거예요.

하나님의 백성들이라 불린 이스라엘의 이야기를 읽다 보면, 사랑한다 말은 하면서 그들의 영혼이 계속 하나님께 둔감해지는 것을 알게 됩니다.

"여호와께서 애굽 땅에서 너희의 목전에 바로와 그의 모든 신하와 그의 온 땅에 행하신 모든 일을 너희가 보았나니 곧 그 큰 시험과 이적과 큰 기사를 네 눈으로 보았느니라 그러나 **깨닫는 마음과 보는 눈과 듣는 귀는 오늘 여호와께서 너희에게 주지 아니하셨느니라**"_신명기 29:2-4

이게 진짜 하나님이 마음과 눈과 귀를 가리셔서
너희가 아무것도 모른다는 말이 아니라,
'반어법'입니다.

그러니까 "너희가 진짜 그분에 대해서 다 봐 놓고 왜 이렇게 아직도 하나님의 생각과 마음에 대해서 둔감하냐! 왜 너희밖에 생각을 못 하냐!"라며 속상한 마음을 토로하는 상황인 거죠.

그래서 정말,

우리가 영적으로 보아야 할 것을 보지 못하면
우리에게 영적이지 않은 것들이 먼저 보이기 시작하고
우리가 영적으로 들어야 할 소리를 듣지 못하면
우리에게 영적이지 않은 소리들이 먼저 들려오게 됩니다.

"육에 속한 사람은 하나님의 성령의 일들을 받지 아니하나니 이는 그것들이 그에게는 어리석게 보임이요, 또 그는 그것들을 알 수도 없나니 **그러한 일은 영적으로 분별되기 때문이라**"_ 고린도전서 2:14

그렇게 혼자 나는 소설을 쓰기 시작하는 거예요. 하나님을 오해하며, 하나님에 대해 스스로 잘못된 정의를 내리며 내가 쓴 소설 속에 갇히게 되는 거예요.

어떻게 하면 하나님을 향해 늘 예민하게 살 수 있을까요. 제가 사랑꾼으로 유명한 선배 목사님에게 "어떻게 그렇게 늘 싸우지도, 실수하지도 않고 잘 살 수 있어요?"라고 물었는데 그분이 그런 말씀을 하시더라고요.

**"늘 어딜 가든 내가 사랑하는 사람이
내 앞에 있다는 생각으로 사는 거지."**

아, 그것이 그 목사님이 사랑하기 때문에 가지고 있는
'예민함'이었어요.

그리고 사랑하기 때문에 하나님께 가지고 있는
우리의 예민함은 바로
코람데오,
'하나님 앞에서'이지 않겠습니까.

요셉이 형들에게 팔려서 보디발의 집에 노예로 가게 됐는데 그가 꽤 꽃미남이었나 봐요. 그러니 보디발의 아내가 하루를 안 빼고 그를 유혹하며 과한 요구를 합니다. 노예 입장에서는 거절했다간 목숨도 위험하고, 또 주인님 아내에게 잘 보여서 나쁠 것도 없는 것 아니에요? 그러나 요셉에게는 주저 없이 외칠 수 있던 마음이 하나 있었어요.

"내가 어찌 '하나님 앞에서' 득죄하리요."

그 자리에는 보는 사람 아무도 없었습니다. 아니, 바보도 아니고 얼마나 완벽하게 보디발의 아내가 죄 짓기 좋은 환경을 만들어놓았겠어요. 그런데 요셉은 말한 겁니다.

"지금 이 자리에 아무도 없는 게 아닙니다.
내가 사랑하는 분이 지금 여기 내 앞에 계신데,
내가 어찌 하나님 앞에 득죄를 하겠습니까?"

죄를 이기는 마음,
그것은

죄를 지면 받는 형벌을 두려워하는 것이 아니라,
죄를 지켜보는 내 사랑하는 분의
표정과 마음을 매일 보는 것입니다.

사랑하면 반드시 보입니다.
사랑하면 반드시 들립니다.

죄의 진짜 무서움은
 그 형벌이 아니라
사랑하는 그와 내가
 자꾸 멀어진다는 것입니다.

저 정말
    할 만큼 했어요

"오직 나만 남았거늘…"
"이제 정말 저만 남았어요. 주님…."

성경 속 이 고백이
내 고백으로 울분이 되어 터지는 날이 오죠.

이젠 정말 숨이 턱 밑까지 차올랐는데
함께 도와주는 이는 없는 것 같고
내 힘도 한계에 다다른 그런 날,
나만 열심인 것 같고

아무도 같이 가주지 않는 것 같은 그런 날,
모든 것이 지치고 의미 없게 느껴져
다 내던지고 사라지고 싶은 그런 날 말입니다.

로뎀나무 아래에 전에는 한 전설이었으나 이제는 무너져버린 불꽃이 등장합니다. 바로 엘리야입니다. 850대 1의 영적 전투가 갈멜산에서 일어났었어요. 850명의 우상 선지자들과 목숨을 걸고 대결하여 이긴 어마어마한 사건이었잖아요. 그런데 이 승리 사건 이후로 전설 같은 그가 무너지기 시작합니다.

아니, 그 승리가 얼마나 대단한 승리였는데요! 송아지에 각을 뜨고, 너희의 신과 내가 믿는 신에게 각자 기도하고 예배함으로 불을 내려서 이것을 태우는 사람의 신이 진짜 하나님이다 하는 싸움이었어요. 불을 내려야 할 사람이 제단에 흘러넘칠 정도로 물을 채워버렸는데, 그의 기도가 시작될 때 불이 내려와 도랑까지 찼던 물을 핥아버리고 송아지를 태워버리게 되지 않습니까? 엘리야는 이 전쟁의 승리로 우상 선지자들을 직접 처단까지 합니다. 악한 왕 아합도, 악녀 이세벨도, 백성들도 하나님의 권능을 목격했고 게임은 끝이 난 거였어요. 이제 엘리야의 기나긴 사역에 열매가 피어날 때가 됐어요. 드디어 모두가 하나님을 인정하게 되는 나라가 될 수밖에 없었어요.

그러나 열매는커녕, 그 일로 인하여 악녀 왕후 이세벨이 온 군력을 모아 엘리야를 죽이라는 명령을 내립니다. 이제 이 싸움이 끝날 줄 알았는데… 정말 최선을 다해 홀로 싸웠는데… 결과는 열매가 아니라, 한 나라의 군력이 나를 죽이려 끝까지 쫓아오게 된 거예요.

**이제 끝나야 하는 싸움이 끝나지 않았던 그날,
내 생각엔 이제 빛을 봐야 하는데 빛이 보이지 않는 그날,
엘리야는 '침체의 광야'로 빠져 들어가게 돼요.**

성경을 보니, 그가 이세벨을 피해 '브엘세바'로 도망가거든요? 엘리야는 북이스라엘 아합 왕 시대의 선지자였습니다. 예루살렘 위로 반을 나누면 딱 그 경계가 국경이었어요. 엘리야가 왕후 이세벨을 피해서 도망치려면 어디까지만 가면

안전해요? 예루살렘이죠. 예루살렘은 남유다이기 때문에 북이스라엘의 정권인 아합도 이세벨도 어쩔 도리가 없거든요. 그런데 엘리야가 지금 어디까지 도망을 쳐요? 저 남쪽 끝, 브엘세바까지요….

무슨 말일까요? 그곳은 광야란 말이에요. 그리고 엘리야는 종만 거기에 남겨두고 자신은 더 아래에 있는 사람이 살 수 없는 사막 광야였던 '네게브' 쪽으로 하루를 더 들어갑니다. 이스라엘의 영토를 이야기할 때 "단에서부터 브엘세바까지"라고 하는데, 그 말은 딱 거기까지가 사람이 살 수 있는 땅이라는 뜻입니다. 한마디로, 엘리야가 사람이 살 수 없는 땅으로까지 도망을 갔다는 거예요.

아, 그는 단순히 이세벨을 피해서 도망친 것이 아니었던 겁니다. 엘리야가 나귀도 타지 않고, 물도 음식도 준비하지 않고, 하룻길을 더 사람이 살 수 없는 광야로 쑥 들어갔다?

죽으려고 들어간 겁니다.

그의 영적 침체는 결국 '자신의 생명을 버리는, 자살'에 대한 생각까지 이어집니다.

"자기 자신은 광야로 들어가 하룻길쯤 가서 한 로뎀 나무 아래에 앉아서 자기가 **죽기를 원하여** 이르되 **여호와여 넉넉하오니 지금 내 생명을 거두시옵소서 나는 내 조상들보다 낫지 못하니이다** 하고"_열왕기상 19:4

그가 850명의 우상을 섬기는 자들과 영적 전쟁을 벌이면서 기도할 때 소망했던 한 가지가 있었는데, 이번 전투로 이스라엘 백성들이 다 회개하고 왕도 회개하여 우상들을 모두 버리고 하나님께로 돌아오는 것, 이 끝없는 죄악과의 싸움을 끝내는 것이었습니다. 그것 하나를 바라보며 엘리야가 홀로 그 큰 싸움에 혼신의 힘을 다한 겁니다.

'이거만 이기면 된다!
이 전쟁으로 모두가 하나님의 능력을 보게 될 것이다!'

그런데 엘리야가 기대했던 것과는 달리, 그 말도 안 되는 기적을 보여주며 승리를 했는데, 이세벨이 회개는커녕 온 군력을 모아 나를 죽이겠다는 겁니다.

**나는 여기서 이제 끝이 나야 한다고 생각했는데,
그가 원했던 결말이 도착하지 않았던 거예요.**

우리의 믿음이 침체와 우울의 광야로 들어가는 날도 마찬가지 아니겠어요? '혼신의 힘을 다해 봤고, 이제 분명 하나님이 끝을 내주실 거라 기대하고 계산했는데, 싸움과 절망이 끝이 나지 않아…' 그렇게 죽음의 발걸음이 광야 속 한 로뎀나무 아래로 그를 이끕니다.

"하나님, 저 정말 할 만큼 했어요.
진짜 최선을 다했어요.
그런데 결국 결과는 이렇잖아요.
그러니까 이제 저 좀 죽여주세요.
저는 제 조상들보다 능력이 부족했던 거예요.
저는 결국 이럴 놈이었던 거예요…."

그런데 대부분이 이미 알다시피, 그 로뎀나무에 하나님의 위로가 기다리고 있었습니다. 그래서 우리에게 이 로뎀나무가 참 로맨틱하고 멋진 단어로 다가오지 않습니까? 그 푸르고 거대한 나무 품으로 지친 아들을 감싸 위로하시고 살리셨던 사랑, 그래서 로뎀나무 교회, 로뎀나무 카페 같은 이름이 많죠. 마치 푸른 시골 속 큰 느티나무 아래 누워있는 엘리야를 떠올리게도 하고 말이죠.

그런데 로뎀나무는 그런 나무가 아닙니다.

로뎀나무는 영어로 '부름트리'라고 하는데, 1년생 싸리나무가 사막에 하나 있었던 겁니다. 그 싸리나무의 작은 그늘이 엘리야의 그늘이 되어준 겁니다.

하나님은 그 작은 싸리나무 같은 일상에서
여전히 엘리야를 기다려주셨던 거예요.
지금도 내 광야 속 작은 싸리나무에서
늘 기다리고 계신 그 하나님의 속삭임이
다시 우리를 살리는 겁니다.

어떤 대단히 기념적인 시간과 공간이 아니라,
늘 내 초라했던 삶의 나무에서
우리 하나님 똑같이 기다리고 계셨어요.

"천사가 그를 어루만지며 그에게 이르되 일어나서 먹으라 하는지라"_열왕기상 19:5

저는 천사가 와서 그를 발로 찰 만했다고 생각했거든요.

"야, 네가 적어도 선지자 아니냐!
다시 기도해! 일어나! 금식해! 다시 예배해!
왜 결국 너도 이것밖에 되지 않느냐!
왜 너마저 믿음이 이렇게 흔들려야 하는 것이냐!"

그런데
하나님이 천사에게 부탁하신 것은 달랐습니다.

"가서,
울다 잠든 내 아들 머리 좀 어루만져 줘.

걔가 많이 힘들어.
그리고 나도 마음이 아파.
그러니까 가서 걔 좀 잘 먹여줘.
내가 여전히 사랑스럽게 지켜보고 있다는 것을
느낄 수 있도록….
꼭 따스하게 어루만져 줘야 한다.
그 아이는 그렇게 눈을 뜨면 다시 내가 보일 거야.
내 자식이니까. 길을 꼭 다시 발견할 거야."

엘리야는 그의 평범하고 작은 인생 속 로뎀나무에서 여전히 기다리고 계셨던 하나님의 보듬어주는 손길을 경험하고 눈을 뜹니다.

"이에 일어나 먹고 마시고 그 음식물의 힘을 의지하여 사십 주 사십 야를 가서 **하나님의 산 호렙에 이르니라**"
_열왕기상 19:8

그가 다시 사명의 땅, 부름의 땅, 시작의 땅,
호렙으로 달려갑니다.

그날 무너져 도망친 자신을 어루만지는 천사를 통해 엘리야가 받은 하나님의 목소리는 무엇이었을까 싶었어요. 아마도, 이러지 않으셨을까요.

"아들,
고맙다. 다 안다. 다 봤다."

거대한 느티나무 말고,
지금 그 초라하게 작아진 나무 같은 내 인생 곁에
여전히 계신 그 음성에 다시 귀를 열어봐요.

충분했다 하실 겁니다.
잘했다 하실 겁니다.
멋졌다 하실 겁니다.

예수님이 행복하셨던 것은 '최고'가 아니라
최고를 드리고 싶었던 우리의 간절한 '최선'이었으니까요.

가서,
내 새끼 품
아주먼저 꾸고 안아줘라.

그래도 우리가 사랑해야 하는 이유

예수님은
세상에서 나오라고 우리에게 오신 것이 아닙니다.
세상으로 보내려고 우리에게 오신 것입니다.

그런데 너무 마음이 아픈 것은,
세상과 구별되는 교회로 살라 하셨는데
세상을 구별하는 교회로 살고 있다는 것입니다.

그러나 신앙의 계절을 지나갈수록 더욱 뼈저리게 느끼게 되는 것 한 가지가 있어요.

'아, 누군가를 이기는 것이 승리가 아니라
그 누군가와 함께하게 되는 것, 그것이 진짜 승리더라.'

절대 상극인 그 사람을 이기는 것이 승리가 아니라, 절대 하나 될 수 없던 그 사람과 함께 가게 되는 것이 진정한 승리구나 싶어요.

다윗이 그의 인생의 말미에 깨닫게 된 진정 아름다운 축복이 있었는데, 그것은 함께할 수 없는 자들과 '함께함의 아름다움'이었어요. 그리고 그는 그 아름다움을 이렇게 표현합니다.

"**헐몬의 이슬이 시온의 산들에** 내림 같도다"_시편 133:3

헐몬이라는 산은 너무 신기하게도 이스라엘의 유일한 스키장이 있는 곳이래요. 1년 동안 약 238백만 톤의 물이 그곳에서 나온다고 해요. 콸콸도 아니에요. 작은 이슬들이 조금씩 산으로 내려와 상상도 못한 거리를 흘러내려가 아주 낮은 남쪽 언덕 시온의 땅들을 적시는 겁니다.

그러면 어떤 일이 일어나는지 아세요?
그 이슬들로 인하여 꽃이 피어납니다.

헐몬의 이슬은 너무 작고, 느리고, 아무도 모르고,
대단해 보이는 사랑이 아닐지 모르지만
느리게라도, 은밀하게 그리고 따스하게
반드시 누군가에게 생명이 되고 살리는 물이 됩니다.

물은 고이면 썩고 흘러가야만 생명이 살 수 있는 강이 된다고 해요. 은혜를 기억하는 살아 있는 헐몬의 이슬이 된 우리는 분명 아무도 봐주지 않는 죽은 바다를 보게 됩니다.

요즘 스스로에게 질문하는 것이 있습니다.
"진짜 불행이 뭘까? 내가 거지가 되는 거? 망하는 거?"
아무리 생각해도 진짜 최악의 불행은,

내가 흘러가 주고 싶은 사람이 없다는 것,
그것이 어쩌면 내가 만난 최악의 불행입니다.

혹시 이런 마음이 드는 분 계세요?

"난 혼자가 편하고,
성격이 독특해서 나 받아줄 사람도 없고,
내가 함께하고 싶은 사람도 아무도 없어.
그렇지만 내가 하나님 사랑하고
하나님이 나 축복해 주시면 되는 것 아닐까?"

아니요.

"헐몬의 이슬이 시온의 산들에 내림 같도다 **거기서** 여호와께서 복을 명령하셨나니 곧 **영생이로다**"_시편 133:3

거기서.

"너와 그가 서로 닿을 수 없을 것 같았으나
흘러가 주는 헐몬의 이슬이 되어주는 '거기서'
내가 복을 명령하겠다!
내 영생의 구원이 너와 그의 연합 속에 함께할 것이다!"

내가 흘러가 줄 수 있는 원수가 있다는 것,
그런 연약한 사람들이 내 주위에 있다는 것,
그래서 내가 연합하는 그곳에 생명이 조금씩 살아나는 것,
그곳에 하나님이 축복을 명하십니다.

그러니, 우리 잊지 말자고요.

**교회는 위대한 지식으로
세상의 향기가 된 것이 아니라,
교회는 하나 될 수 없던 자들이 하나 되었던 사랑으로
세상의 향기가 된 것입니다.**

내가 사랑하던 자를 증오하게 되고
내가 증오하던 자를 사랑하게 되는 것
네. 십자가는 그런 겁니다——.

에필로그

몇 주 전에,
제게는 늘 큰 산 같은 저희 어머니에게
번아웃이 왔나 봐요.
건강이 너무 안 좋아진 날이었는데,
마음까지 무너져버리셨나 봐요.
말동무였던 하나 있는 아들은 서울로 올라와
그 마음 털어놓을 곳도 없으셨겠죠.

주일 사역을 마친 밤 12시였는데, 전화가 왔더라고요.
아들은 딱 들으면 압니다.
어머니가 지금 수면제 기운 속에 연락하셨다는걸.
이러셨던 적이 없는데, 엄마가 이렇게 울먹인 적이
있었나 싶을 정도로 비몽사몽한 상태에서
마음속에 있는 아팠던 일들을 다 얘기하시더라고요.

그러다 한참 말이 없으시더니,
그런 말씀을 하시더라고요. 처음 들어본 문장인데,

"엄마… 서울로 아들한테 도망쳐도 돼?"

주저 없이 대답했어요.

"그럼 엄마. 아들 원룸 봤지? 두 명은 충분히 살아.
여기 와서 그냥 핸드폰 끄고 일주일,
아니 한 달 그냥 쭉 살아. 아들이 지금 데리러 갈까?
짐 싸고 있을 수 있겠어, 엄마?"

어머니의 흐느끼는 소리가 들리더니
잠시 후 큰 숨과 함께 그러시더라고요.

"아들… 그렇게 말해 줘서 고마워.
엄마도 도망칠 곳이 있었네…
엄마도 기댈 곳이 있었네…
엄마 괜찮아. 엄마 괜찮아.
잘 자, 아들. 사랑해."

그리고 다음 날 아침에 다시 연락을 드렸을 땐,
본인이 무슨 말을 했는지 기억도 못하시고는
이젠 별 일 없다고만 하시더라고요.

'아, 아들에게는 평생 이야기할 수 없었던
엄마의 싸움이 있었구나."

그때 하나님 아버지가 참 그렇겠다 싶었어요.

아버지가 자녀에게
모든 것을 이야기할 수 없는 때가 있구나.
결국 그 침묵은
자녀를 위한 아버지의 치열한 사랑이었구나.

버려졌던 모든 순간 속,
보석처럼 심겨져 있던 하나님 아버지의 진짜 마음을
이 글 속에서 조금은 들을 수 있게 된 당신이란 자녀에게
버려지기까지 사랑이었던 우리 하나님 아버지,
이렇게 말씀하시지 않을까요?

"그래 아가,
나도 내 마음을 들어주는 네가 있었구나."

MARK 5

Jesus Raises a Dead Girl and Heals a Sick Woman

21 When Jesus had again crossed over by boat to the other side of the lake, a large crowd gathered around him while he was by the lake.
22 Then one of the synagogue leaders, named Jairus, came, and when he saw Jesus, he fell at his feet.
23 He pl...
daugh...
hand...
live."
24 So Je...
lowed...
25 And...
ject to...
26 She h...
care...
had,...
worse...
27 Wher...
behin...
cloak...
28 becau...
cloth...
29 Immediately her bleeding stopped and she felt in her body that she was freed from her suffering.
30 At once Jesus realized that power had gone out from him. He turned around in the crowd and asked, "Who touched my clothes?"
31 "You see the people crowding against you," his disciples answered, "and yet you can ask, 'Who touched me?'"
32 But Jesus kept looking around to see who had done it.
33 Then the woman, knowing what had hap-

> 버려진 모든 순간을
> 사랑하겠노라

이 책이 향하는 한 영혼이자
이 책을 추천하신 분들

h_703aa(NETFLIX) / 스스로를 찌그러뜨리며 잔뜩 웅크려 있던 모든 시간에도, 하나도 남김없이 그분의 온기로 안아주시며 나의 숨을 지켜주고 계셨다. 내가 고개를 들지 못했을 뿐. **무너져 있는 자녀들에게(울산서생교회)** / "예수께서 몸을 굽히사"(요 8:6). 상처와 수치와 실패 속에서 무너져 앉아 울고 있는 나만 보이셨던 거예요. 나에게 고개를 숙여주시는 거예요. **윤세린(커뮤니티오브니어)** / 한 글자 한 글자가 가시가 된 듯 아팠다. 하지만 그것이 하나님이 주신 회복임을 깨닫게 되었다. **윤용식(커뮤니티오브니어)** / 김성경 목사는 우리에게 울림을 주는 목사님입니다. 그의 유튜브를 보고 그를 알게 되었는데 이 책도 큰 울림을 줄 걸로 기대합니다. **신설희(한마음교회)** / 버려졌다 생각했는데 내가 버린 거였습니다…. 다시 한번 하나님만 붙잡고 살기를 다짐하게 해준 책입니다. **지니(부평작전교회)** / 아무도 없고 버려졌다고 생각했던 날들도, 내가 주님을 버렸던 날들도 늘 나의 곁에서 계셨던 아버지의 사랑을 다시 한번 깨닫게 해준 책입니다. **이소정** / "예수님 저는 괜찮지가 않아요." 이 한 문장이 정말 위로가 되었습니다. **최사랑(영성교회)** / 버려질 모든 순간이 귀하게 여김 받고 하나님과 동행하는 순간들임을 알게 해준 책입니다. **신민정(주안장로교회)** / 시련을 만나면 겁부터 나 일어서지도 못하는 죄인을 그럼에도 사랑하시고 끌어안아 주시는 하나님과의 동행을 소망하게 됩니다. **박윤아(영광교회)** / 연약한 자일지라도, 주님 말씀 붙잡고 담대히 다시 일어설 수 있겠노라 생각할 수 있게 해주는 도서입니다. **강하빙(군인)** / 넘어지고 쓰러진 곳이 아파 무너졌던 그 모든 시간들을 통해 하나님은 나를 다시 일으켜 세우셨다는 것을 다시 한번 일깨워 준 책입니다. **Jungyyyyyy_(부곡 감리교회 힘찬청년부)** / "네가 무너져도 하나님은 언제나 옆에 있단다. 너의 하나님, 포기하시지 않는 하나님을 믿으렴. 너를 위해 문은 언제나 활짝 열려 있으니 언제든지 환영한다"라는 마음을 주시네요. **손준혁(대전가양제일장로교회)** / 상처와 수치, 실패 속에 무너져 울며 버려졌다 생각한 시간 속에서 하나님의 사랑을 깨닫게 해준 책입

니다. **김다성(인천 온누리교회)** / 버려졌다고 생각한 그 순간에도 사랑할 수 있구나 느꼈던 책입니다. **김이삭(근영중앙교회)** / 내가 무너져서 가장 외롭고 힘들 때, 그 순간도 나에게는 가장 소중한 순간인 것을 깨닫게 해주는 책이며 다시 일어날 수 있는 힘을 얻을 수 있는 책입니다. **Juan Hwang(노원창일교회)** / 넘어진 그곳에서 나의 교만을 채우려 했던 눈물이 이제는 변하여 주님의 영광을 채우는 눈물이 되길 원합니다. **민지(광진중앙교회)** / 경험만 남은 채 무너진 신앙에 다시 한번 하나님의 사랑으로 일어설 힘을 더하여 준 책입니다. **Comet(커뮤니티오브니어)** / 여전히 보잘것없고 여전히 아프지만, 하나님은 그런 나이기에 사랑한다 하십니다. **감자인서(수원순복음교회)** / 머리가 아닌 가슴으로 아버지를 느끼고 싶은 모든 아이에게. **하은(효광교회)** / 연약하고 어리석은 나를, 크고 위대하신 하나님은 절대 버리지 않는다. **하나님 사랑하는 도연(화정제일교회)** / 내 교만이 이 책으로 쓸어내리길…. **zzro(커뮤니티오브니어)** / 내 손으로 버린 시간까지 사랑하시고 사용하시는 하나님, 나보다도 내 삶을 사랑하시는 분을 무엇보다 사랑하길 원하며 이 책이 버려짐 또는 버림의 시간을 지나는 이들에게 위로와 평안을 되기를 기도합니다! **로롱(수원성교회)** / 나 혼자만 버려진 시간을 걷는다 생각했지만, 이 책을 통해 함께 그 시간을 걷고 있는 사람들을 만나게 됩니다. **김다혜(등불교회)** / 슬픔에 잠식되어 있는 것 같은, 진흙탕에 구르고 있는 것 같은 나에게 "그런 너의 모든 순간, 내가 옆에 함께 있다"라고 하시는 하나님의 위로를 전달해 주는 책입니다. **newsong hanna(뉴송처치)** / 올 한 해도 당신의 사랑과 손길로 빚어진 이야기였음을 깨닫게 해준 글. **코다 남상은(올바른교회)** / 세상에 혼자 남겨졌다 생각했던 제게 네가 혼자라고 생각했던 그 순간까지도 나는 너를 사랑했노라고 이 책을 통해 위로해 주신 하나님 감사합니다. **가온누리에 빚진 자(인천제2교회)** / 예수를 위해 좁은 길로 달려가겠다고 선택했지만 깨지고 지친 이들에게 생수 한 병 같은 위로를 건네주고, 계속되는 여정이 고되지 않도록 함께 뛰어주는 믿음의 페이스메이커 같은 책. **유수은(백석대학교)** / 다시 사랑하고 싶어졌다. 나를 버리지 않으시는 하나님과 함께라면 할 수 있단 확신이 들었다. **히정(인천 송월장로교회)** / 실상 우리가 두려워한 것은 사랑하는 아버지 하나님이 아닌 다른 것이었던 것임을 인정하게 해준 책이다. **예수님의 은혜(동현교회)** / 세상에서 버려졌다 생각했을 때쯤, 눈을 드니 나를 함께하신다 맞이해 주시는 이, 그분이 주님이셨음을 깨닫게 해준 책이었다. **박정현(영신교회)** / '저 지금 기절해도 진 거 아니죠?' 바울처럼 육신의 연약함을 안고서라도 하나님과 동행하려는 사투가 담긴 글이 고스란히 제 눈물이 되었습니다. 내가 마주한 현실에 기절할 듯 고꾸라지더라도 하나님이 진 거 아니라고 고백하며 주님의 향기로 살아갈 힘을 주는 뜨거운 위로가 담긴 책입니다. **박예슬(양산중앙교회)** / 더 이상 내 삶에 하나님이 보이지 않을 때, 내 영혼을 깨워 하나님만 바라보게 하는 책. **한희진(주례교회)** / 나를 향한 하나님의 마음이 들려와 첫 문장부터 마지막 문장까지 한순간도 울지 않을 수 없는 책이었습니다. **마제로(광양시민교회)** / 나만 겪는 아픔과 외로움, 상처인 줄 알았던 그 모든 시간들 속에 하나님이 함께하셨음을 깨닫고 위로받게 해준 책입니다. **HAGLORY(서울교통공사)** / 그럴 수밖에 없었던 이유로 지나치고 버려온 순간들을, 그럼에도 한 번 더 사랑할 수 있게 하는 책입니다. **양병하(커뮤니티오브니어)** / 예수님에 절여져 사는 것 같은 목사님의 성경에 대한 깊은 고뇌와 묵상이 느껴지는 책이었습니다. **진이(신평로교회)** / 고난 속에 홀로 남겨졌다 생각했던 제 인생에 하나님께서 늘 함께하시고 계셨음을 깨닫게 해준 책입니다. **아엘율맘(여의도순복음교회새성북성전)** / 버려질 나의 삶을 붙들어주시고 이끌어주셔서 참 감사하다고 고백하게 해준 소중한 책입니다. 늘 그랬듯이 하나님은 우리보다 먼저 앞서서 사랑하시는 분입니다. **백장호(아둘람처치 성결교회)** / 나의 말씀이 "일어나라 빛을 발하라"였는데 이 책을 보게 하신 이유가 하나님이 나에게 많은 말씀을 해주고 싶어하시는 것 같아서 너무 좋았어요. **황경희(대구성문교회)** / 버려짐의 순간은 끝이 아니다. 새로운 시작을 위한 그분의 강력한 만지심임을 이 책은 완벽하게 제시해 준다. **WED.TUE(홍농중앙교회, 영광고등학교 기독교 동아리 쉬림)** / 이 책의 제목이 왜 「버려질 모든 순간을 사랑하겠노라」인지는 책을 읽으면 저절로 가슴으로 느껴집니다. 우리를 끝까지 사랑하시는 하나님의 손을 잡고 다시 일어설 힘과 용기를 선물해 준 귀한 책입니다. **김정웅(금천교회)** / 예수의 길을 따라가겠다 결심한 그 순간, 뜨겁게 주님을 찾던 그 순간, 심지어 예수님을 놓쳤다 생각한 그 시간마저도 모두 주님께서 지켜주고 계심을 깨닫게 해준 책입니다. **핸디(일산 주님의교회)** / 그야말로 '버려졌다 생각했던' 그 모든 순간에도 하나님께서는 여전히 역시나 나를 붙잡고 계셨음을 깨닫습니다. 버려진, 버려지는, 버려질 순간에도 하나님만 붙잡겠습니다. 굳건히. 단단히. **우기부지(의정부신촌교회)** / 버려짐을 받은 존재라고 생각했던 내 삶에도 하나님이 항상 함께하심을 알게 해주었고 이 책을 읽음으로 주위에 아픈 이들을 생각하게 되었습니다. **백인규(브릿지교회)** / 나는 내 상황 속에서 하나님을 보지 못한 채로 하나님을 찾고 있다 외치고 있었는데, 하나님은 상황은 개의치 않으시고 나를 붙잡고 계셨습니다. **Minwook KIM(여의도순복음교회)** / 나를 거쳐 지나갔던 수많은 아픔과 기쁨의 순간들이 단 한 가지도 땅에 떨어져 버려지지 않았음을 느끼게 해준 책입니다 **세계로…(K.H.T.K.D.)** / 현재의 나, 과거의 나, 앞으로 살아갈 나의 신앙생활을 돌아볼 수 있게 해준 책입니다. 감사합니다. **이상효 전도사(성암중앙교회(기성))** / 버리고 싶은 내 인생도 주님은 귀히 여기사 다시 새롭게 하십니다. 인생이 다시금 새롭게 변화되길 원하는 당신께 이 책을 추천합니다. **Misun(새영광교회)** / 목 끝까지 가득 차 달리고 달리다 고장 난 제게 쉼표의 의미를, 회복의 길로 시선을 바꾸심을 깨닫게 해주시네요. 주님께 물음표가 생길 때 읽어보시길 추천합니다. **푸딩444(부전교회)** / 아이들이 성장하면서 저의 하나님에 대한 열심이 점점 변해 가듯이 자녀들의 신앙도 변해 가는 것이 보이는 요즘입니다. 걱정했는데 이 시간들이 모두 그분의 뜻과 크신 의미가 있을 것이라는 확신이 들게 해주네요. 감사합니다. **지은(강서성결교회)** / 버려졌다고 생각했던 나에게 주어진 모든 시간 하나하나가 의미를 만나는 자리였음을 깨닫게 해준 책이어서 감사합니다. **김주형(크로스티워십)** / 헛되다 생각했던, 아무도 모르는 영적 싸움 속 헛된 순간은 단 하나도 없다는 사실이 나를 다시 싸우게 합니다. **은(성주 중리교회)** / 버려질 모든 순간을 하나님께서는 결코 내버려두지 않으신다는 것을 다시 한번 깨달았다. 내가 쓰러질 때에 나의 약함을 들어 쓰시는 하나님의 은혜가 결코 당연한 것이 아님을 알게 되는 그런 책이다. **준규(군산)** / 교회에서는 믿음 좋은 청년으로 알려져 있지만 무너져 있는 현실에 눈치를 보며 어디에도 도움 구하기 어려워지는 저와 같은 분들에게 가장 필요한 책입니다. **나(예원교회)** / 받은 사랑을 기억하고 모든 것은 합력하여 선을 이루시는 하나님의 시간표임을 다시 각인시켜 주는 책입니다. **매튜킴(커뮤니티오브니어)** / 버려질 순간들이 아니었다, 결국 끝까지 지켜진 순간들이었다. 나의 고백이 아닌 예수의 고백이었다. '버려질 모든 순간에 너를 사랑하겠노라.' **예송(캄보디아품모알교회)** / 아무도 모르게 넘어져 있는 어둠의 시간 속, 당신에게 어느 방향에 불빛이 있는지 알려주는 따뜻한 책입니다. **뚜늬아늬(대전유성중앙침례교회)** / 교회를 떠나 있던 동안 예수님은 저를 놓지 않으셨음을 다시금 깨닫게 해주고, 예수님을 생각하면 눈물이 나는 이유도 알게 해준 책입니다. **진주(시드니중앙장로교회)** / 나의 믿음이 추억에만 남겨져 있지 않도록 다시 또 걸을 수 있는 새 힘을 선사해 준 책. **이보미(아이제이엠코리아)** / 이 책을 가만히 읽어 내려다가 보면 주님은 너무 멀리 계신 분이 아니라 바로 지금 내 곁에서 나의 모든 순간 함께하시는 분임을 느낍니다. **이현주(성문교회)** / 내면의 텅 빈 공간 속에서 헤매이던 나를, 그 시간조차도 아름답게 만들어준 책입니다. **박수현(안중성결교회)** / 주님께 버려졌다 생각했던 6개월의 시간이, 오직 주님께 의지할 수 있는 시간이었음을 깨닫게 해준 책입니다. **배경태(대구 팔달교회 교육목사)** / 버리고 비울 때 채워주시는 하나님의 세밀한 음성을 들음으로 나누고 섬기는 자리까지 나아가게 하는 용기와 도전 그리고 힘을 더욱더 부어주는 책입니다. **w_w_JESUS_d_0728(대한예수교장로회 울산교회 청년3부 마하나임)** / 깜깜하고 추운 사막의 밤 고요함 속 한 별이 아기 예수께로 나아가듯 하나님을 향한 눈물은 회복과 빛일 거예요. **원동이(청소년선교단체 다윗세대)** / 하나님께 원망하며 나의 삶은 하나님이 함께하지 않는다고 오해할 때 하나님은 한 번도 나를 떠나신 적이 없다는 것을 알게 해준 책입니다. **정지윤(호평교회)** / 이 책을 통해 눈물로 회개하고 신앙을 회복할 수 있는 계기를 주신 주님께 정말 감사드립니다. **최석훈(안산동산교회)** / 하나님을 사랑하기에 부족하고, 연약하고, 아무것도 아닌 나를 사랑으로 감싸 안아주시는 하나님. 그 사랑에 힘입어 다시 일어나 사랑하며 나아가겠습니다. **정세미(서산 꿈의학교)** / 때론 침묵하심으로 치열히 사랑하시며, 사랑의 동기로 나를 계획하고 인도하시는 하나님을 신뢰하게 해준 책입니다. **김언약(더하시는교회)** / 눈물이 필요한 자에게는 깊은 아픔 속에서 함께하시는 하나님을, 용기가 필요한 자에게는 응원으로 돌보시는 하나님을, 위로가 필요한 자에게는 버려질 모든 순간을 사랑하겠노라 말씀하시는 하나님을 경험했습니다. **정대영(블레싱샘터교회)** / 지우고 버리려고 했던 돌들이 결국 주님의 거룩한 성전 모퉁이의 머릿돌이 되었음을 보게 되는 책입니다. **소병희(대구성서행복한교회)** / 풍랑 속에 예수와 내가 함께 있는 것이 기적이라는 말과 같이 책을 읽는 이 순간에도 예수와 함께 있는 이 시간이 기적이었습니다. **윤선(분당 만나교회)** / 지금 이 시대를 살아가면서 겪을 수 있는 공허함과 하나님이 나와 함께하시지 않는다는 불안감을 느끼고 계신 분들께 많은 위로와 공감 그리고 하나님의 진정한 사랑을 느끼게 해주는 귀한 책이라 생각합니다. **백한결(황치교회)** / 하나님이 나를 버리셨다고, 잊으셨다고 생각했어요. 그래도… 내 사랑하는 주님을 끝까지 놓지 못하겠어요. **magnolia(충일교회)** / 삶 속에서 작은 파도들로 인해 여러 풍랑을 만났지만 결국 나는 하나님과 함께 살아가는 큰 바다임을 기억하게 해준 책입니다. **이수지(생명수교회)** / 오늘도 내가 살아야 하는 폭풍 가운데 주님과 함께하는 영광을 새삼 깨닫게 해준 책입니다. **김여은(영광순복음영광교회)** / 하나님이 보이지 않아 신앙의 회복을 위해 발버둥 치던 제게 하나님을 보도록 길잡이가 되어준 책입니다. **김하영(장석교회 청년부)** / 예수님을 닮기 위해 치열하고 외로운 '성장통'을 겪는 사람들이, 하나님께서 혼자 두지 않으시고 사랑으로 함께하셨음을 바라보도록 해주는 책입니다. **오리호두(모퉁이돌교회)** / 버려졌다고 생각했는데, 제가 하나님을 버렸습니다. 저를 놓아두고 떠났다고 생각했는데, 제가 하나님의 손을 놓쳐버린 것이었습니다, 하나님께 어떻게 돌아가야 할지 잘 모르겠습니다. 그런데 어쩌면 지금도 여전히 나보다 나를 더 찾고 계실 거라고 용기 내자고 말해 주는 듯합니다. 좋은 책 감사합니다. **오혜진(새밝교회)** / 허망함으로 공허한 마음이 믿음과 함께하고 있어 고난을 겪고 있던 제게 다시 일어설 수 있는 힘과 위로가 되어준 책입니다. **최완희(필그림교회)** / 오늘의, 현재라는 시점의 내 신앙이 탄로 나는 경험을 하게 된 책이다. 실제의 싸움을 시작하는 시발점이면서 더 나을 수 있다는 도약점에 대한 고민을 던져주는 글이다. 깊어도 너무 깊어서 깊고 정직히 마주할 수밖에 없게 했다. **미혜(커뮤니티오브니어)** / 지금, 삶의 이유가 설득이 되지 않는다면, 이 책을 꼭 보시라 권해 드리고 싶습니다. **김나윤(커뮤니티오브니어)** / 한 문장, 한 페이지를 읽으며 다가오는 어려움과 흔들리는 신앙 속에서도 언제나 나를 버리지 아니하시는 하나님을 마주합니다. 하나님의 사랑과 은혜를 다시 발견하고 싶은 모든 이들에게 따뜻한 길잡이가 되어줄 이 책을 추천합니다. **임소이(의정부영락교회)** / 홀로 버려진 내가, 닫힌 성전 문밖에서 두드리면, 예수님은 외면하지 않으시고 분명 열어주실 것입니다. **로뎀나무(우산감리교회/다윗세대)** / 다 끝난 것 같아 버려진 날이었는데 그곳에 봄이 오고 바람이 불면 그루터기에 새싹이 올라오듯, 나의 버려진 모든 순간을 사용하셔서 가장 아름다운 꽃으로 피어나게 하셨음을 알게 해주신 하나님께 감사를 드립니다. **박은혜(홍성참소망교회)** / 벼랑 끝에 매달려 있는 나의 영혼에 "괜찮아. 내가 너의 마음속 깊은 시름을 알고 있다" 위로해 주시는 하나님을 만나는 책입니다. **박시연(여수산돌교회)** / 잊고 지냈던 은혜들을 다시금 떠오르게 하는 책. 앞으로의 나의 신앙에 힌트를 줄 책. **9157(제일영광교회)** / 신앙에 대한 많은 고민과 지침이 있던 시기에 마음을 다시 잡아 조금 더 하나님과 소통할 수 있는 시간이었습니다. 이 책이 저처럼 권태기가 온 사람들에게 위로가 되었으면 좋겠습니다. **하나님의 어린 양(중부반석교회)** / 외롭고 쓸쓸했던 저의 마음을 위로해 주었고, 매번 기다려주시는 하나님을 느낄 수 있었습니다. **폴킴(안양신일교회)** / 내 자신도 나를 포기하고 있지만 하나님만은 아직도 나를 포기하지 않으셨음을 말해 주는 위로의 책. **이예원(신애제일감리교회)** / 우리를 기다리게 하심은 다 하나님의 뜻이었다는 것을 알게 해준 책입니다. **지은(DECIDER)** / 하나님께서 우리의 고난의 제거를 가장 좋은 때에 이루신다는 것을 알게 해준 책입니다. **김소연(문형성결교회)** / 한 글자 한 글자 읽으면서 버려진 시간들 속에서 단 1초, 찰나의 순간에도 동행하시는 하나님을 또 한번 깨닫게 되었습니다. **김민경(오륜교회)** / 무너졌다 생각한 자리에도 늘 나의 주님은 옆에 계셨음을 떠올리게 해준 책입니다. **세인(서울광염교회 중등부)** / "그러니 이제 너도 거기서 나와." 버려졌다고 생각한 그 순간들마저 하나님께서는 전부 사랑하고 계셨음을. **InhooKim(대구서교회)** / 신앙이 무너져도, 신앙을 지키기 위해 치열하게 버티고 있는 중에도 이미 이기신 하나님만 전적으로 의지할 수 있는 글이 모였습니다. **로이맘(수산교회)** / 상처로 멈춰선 발. 채찍조차 없으시길래 버리신 건가 물었습니다. "상처받은 자녀를 책망하는 부모는 없단다." 그저 아픔 가운데 함께하신 아버지였습니다. **김예림(부산 성민교회)** / 하나님의 사랑을 까먹고 죄에 넘어질 때에도 이 책을 통해 한번 더 깨닫게 하시고, 삶의 예배 속에서 선한 길로 인도하시는 하나님의 사랑을 더욱더 깨닫게 되었습니다. 너무너무 감사드립니다. **8행포 35번(중앙 기독 고등학교)** / 내 기도를 들으시지 않는 것 같은 하나님께 매달리고 기도했던 모든 시간들이 침묵이 아니라 기적이었음을 깨달았습니다. **guseondosa(CALLING)** / 내 삶이 아무것도 아니라고 생각할 시점에, 이 책을 읽으면서 내 삶이 보잘것없는 것이 아니라 나의 시간들이 다 하나님의 은혜였다는 것을 깨닫게 해주었던 책입니다. **김민수(서현교회)** / 신학을 공부하다 보니 점점 초심의 마음을 잊어버리고, 신앙에 회의감이 들 때도 많았습니다. 하지만 시간이 지나 보니 결국 하나님께서 회복시키시고 처음 마음을 들게 하셨던 것처럼, 지나가는 모든 시간이 하나님의 계획 속에 있는 시간임을 신뢰하며 나아가야 되겠다는 것을 다시금 느낍니다. **기노현(분당중앙교회)** / 내가 붙잡고, 내가 믿고, 내가 하나님께 나아간다 생각했던 믿음이었으나 하나님께서 붙잡으시고, 하나님께서 믿어주시고, 하나님께서 다가오신 것을 깨닫는 것이 믿음이요 은혜임을 고백하는 책입니다.

그 늘(수원CCC)** / 나, 그리고 우리에게 하나님의 어떠하심을 떠올리게 되는 책이었습니다. **서지영(계성감리교회)** / 잊어버리고 잃어버린 예수님의 사랑을 되찾고 기억해 낼 수 있게 해준 책입니다. **미국 사는 햄토리(뉴송교회)** / 이해가 안 되고 버틸 수 없는 순간에 이 책을 알게 되었고 저에게 딱 맞는 위로의 글들이었어요. 하나님의 은혜가 있기에 감사로 오늘 하루도 나아갑니다. **권은수(IJM Korea)** / 오늘이 힘겨워 내일 아침이 두려운 애틋한 하나님의 자녀들에게 아버지께서 보내주신 편지와도 같은 책입니다. **소빛주희(부목사사모)** / 텅 비었던 그때의 시간이 결코 버려진 시간이 아닌 바르게 지어져 갈 나를 위한 하나님의 기다림이었음을 알게 해준 책입니다. **sm523(금당제일교회, 순천dsm, 크로스러브)** / 내가 그동안 하나님과 멀어지고 하나님보다 중요한 게 많았다는 것을 깨닫게 해준 책입니다. **HYEJIN(영광교회)** / 어중간한 종교 생활이 아닌, 깊이 있는 신앙 생활을 하고 싶은 분들에게 한 번은 꼭 추천하고 싶은 책입니다. **박성준(일본선교교회)** / 김성경 목사님의 글은 읽을 때마다 따뜻한 하나님의 음성이 되어 나에게 영원한 하나님의 위로를 전해 줍니다. **chef.j.e(커뮤니티오브니어)** / 완벽하신 하나님의 타이밍 앞에 우리의 삶은 단 하나도 버려질 게 없다. 모든 순간을 소중히 여기며 사랑하기를 선택한 그대에게 이 책을 추천한다. **Starlight(하늘성교회)** / 부끄러운 모습으로 너무 멀리 와버렸지만, 하나님께서는 저를 포기하지 않고 기다려주고 계셨다는 것을 깨닫게 해준 책입니다. **강진구(커뮤니티오브니어)** / "할 수 있었는데", "할 뻔했는데", "해야 했는데"라고 자책하며 흘려보낸 시간들이 결국에는 승리하신 예수님 앞으로 나아올 수 있게 만들어줬구나 깨닫게 해준 책입니다. **이유진(대구칠곡교회)** / 애써 부정해 왔던 나의 울화를 부드럽게 공감해 주었습니다. 괜찮다고 도닥여주는, 주님이 여전히 굳건히 여기 나의 자리에 서 계신다고 말해주는 책입니다. **민강건(CCC & 포항제일교회)** / 버려지고 변했다고 생각하는 우리 삶이지만, 그 속에 하나님의 사랑은 변치 않고 살아 있습니다. 이 글을 통해 함께 그 사랑을 느끼고 치유받기를 소망합니다. **열정거북이 임예은 음악쌤(구리밀알교회)** / 주님이 생각하시기에 내가 가장 아름다워지는 시기에 바르게 도달하기까지 풍랑 속에서 함께 기다려주시는 하나님의 마음을 돌아보게 하며 다시 한번 신앙을 성장시켜 주는 도서입니다. 가슴이 먹먹할 정도로 눈물을 떨구며 읽은 하나님 아버지의 사랑을 듬뿍 느낄 수 있는 책입니다. **최영윤(잘루, 이루는교회)** / 외면받았다 생각했던 시간들이, 사실은 하나님이 나를 치열하게 사랑한 시간이었다는 것을 깨닫게 되었습니다. **윤석인(인천중앙성결교회)** / 풍랑이 없는 것이 기적이 아니라, 그 풍랑 속에 하나님이 함께하시는 것이 기적이었음을…. 하나님이 모든 시간에 함께 계시길 바라며 담임목사님께 이 책을 추천하고 싶습니다. **김다별(소망교회)** / 버려졌다 생각한 무너진 삶의 자리에서 버려진 모든 순간을 사랑하시는 주님을 기억하며 다시 일어섭니다. **구자현(대암교회)** / 버려진 것만 같은 비어 있는 그 시간 속에 묵묵히 나를 세어보시는 예수님을 마주합니다. 나의 사랑들도, 그 예수를 만나는 시간이 되길 소망합니다. **진작(커뮤니티오브니어)** / '상처'라는 방어벽을 세우고 깊숙이 숨어버린 나를, '무너짐'이 일상이 되어버린 나를, 그분께서 친히 찾아와주셨다. **Jisu(여수/더큰은혜교회)** / 나 매일 깨어지는 질그릇이어도 예수님 당신 한 분 담을 수 있다면 그것으로 충분한 삶이 되고 싶어졌습니다. **요니세(주우리교회(기독교한국침례회))** / 내가 변해 버려서 예수님과 멀어졌다 생각했는데 늘 옆에서 묵묵히 계시며 내가 돌아오길 바라고 계셨음을 깨닫게 해준 책입니다. **박예슬(더세움교회)** / 과거도, 현재도 내게 일어나고 있는 이해할 수 있는, 이해하지 못하는 모든 순간이 하나님의 완벽한 계획과 사랑이심을, 그리고 미래도 여전히 하나님의 것임을 깨닫게 되었습니다. **이가희(대학로 기다리는 교회)** / 나는 다 알지 못할 때에도 주님의 마음은 어떠했는지…. 주님의 마음 속으로 더욱 깊이 들어가는 시간이었습니다. **임용주(서울 화성교회 청년부)** / "하나님이 내 안에 안 계신 것이 아니라 하나님보다 다른 것들이 내 안에 가득 채워져 있는 삶을 살아가고 있다"는 사실을 알게 해준 책입니다. 이 책을 읽고 다시 한번 용기 내서 살아야겠다고 생각했습니다. **서연지훈(장성희망교회)** / 내 삶에 보이지 않는 하나님. 지금의 텅 빈, 의미 없어 보이는 시간을 통해 일하시는 하나님을 믿습니다. **예슬(동일로교회)** / 한때 하나님 앞에 모든 열정을 쏟았지만 상처로 돌아와 외면해 왔던 제 마음과 그 시간들을 하나님이 이 책을 통해 공감하시고 보듬어 주시는 것 같았습니다. **mercysseat(부산 포도원교회)** / 하나님께 떼쓰며 흘린 눈물이 감사와 감동의 눈물로 바뀌는 순간이었습니다. **이세민(예수인교회)** / 버려졌으리라 여겼던 제 인생의 모든 순간을 사랑하겠노라 말씀하시며 품으시는 하나님의 깊은 사랑을 느끼게 해준 책입니다. **CH(예그린장로교회, 총신대학교)** / 기도의 응답을 주지 않는 것조차 나를 너무 사랑하시기에 기다려주시는 것이라는 것을 알아차리자마자 내가 너무 죄인이 되었습니다. 언제나 우리를 위해 일하시는 주님을 다시 깨닫게 해주심에 감사드립니다. **박준서(광은교회)** / 그동안 받은 은혜들이 잊혀져가는 걸 꼭 붙잡게 해준 책입니다. **김진우(우리들교회)** / 이 기나긴 폭풍이 없어지는 것이 기적이 아닌, 주님과 함께 동행함이 기적임과 함께, 주님께서 벌써 이기신 싸움임을 깨닫게 해준 책입니다. **안수빈(감리교신학대학교 대학원)** / 낭비라 여겼던 모든 순간이 하나님의 숨결로 지어진 영원의 서사였음을. **김찬양(공동체이랑둥지교회)** / 버려졌다 생각했던 모든 순간이 하나님의 사랑과 은혜였습니다. 크신 계획을 다 알 수는 없지만 그 모든 순간이 은혜이고 사랑입니다. **정다희(제주새순교회)** / 버려진 것 같은 시간들마저 당신의 사랑이었음을 이제야 깨닫습니다. 그 모든 시간들을 통해 자신을 주시고 싶으셨던 하나님 아버지의 마음을 이 책을 통해 느끼셨으면 좋겠습니다! **이준호(CCA, 원천침례교회)** / 하나님! 허전한 마음에 가장 큰 채움이 되어주신 그 순간을 오늘도 고대하며, 하루의 걸음이 버려진 것같이 보여도 한 번 더 내딛는 걸음이 가장 큰 은혜임을 다시금 깨닫게 되는 책이었습니다. **박유진(서빙고온누리교회 SNS)** / 제가 울면서 도망치고 사랑하기를 포기하며 슬픔과 우울의 깊은 바다에서 소망 없이 절망에 허덕인 채 고요한 바다 밑으로 가라앉을 때 나를 깊은 바다에서 완전히 건져내신 위로의 예수님을 다시 만날 수 있게 해준 책입니다. **이수빈(황금동교회)** / "하나님, 나 무너졌어요." "드디어 네가 나에게 엎드리는구나. 너의 무너짐을 기다렸다. 이제야 네가 나와 함께 걸을 수 있겠구나." 무너졌던 나의 새벽, 나를 살린 그 음성이 다시 들리는 책이었습니다. **이지원(커뮤니티오브니어)** / 두려움 앞에 또 버려진 줄 알았으나 함께하시는 하나님을 깨달았고, 큰 믿음인 줄 알았으나 내 자랑을 믿음이라 착각한 내 교만이었음을 깨닫게 해주었습니다. **김민경(원주중앙성결교회)** / 내 마음에 온전히 하나님 한 분만 남을 때까지 비워내는 과정 속에서, 주가 함께하시기에 모든 순간이 버려질지라도 사랑하겠다고 담백하게 고백할 수 있게 만든 책. **조수경(더푸른교회)** / 버려질 모든 순간을 사랑하겠다는 말에서, 이 땅에 십자가를 지기 위해 오신 예수님의 마음을 이미 헤아린, 작가님의 깊은 믿음의 통찰이 느껴집니다. **Eun young(뿌리깊은교회)** / 한 치 앞도 보이지 않았던 상황이 뒤돌아보니 하나님과 함께할 수 있던 가장 행복한 시간이었습니다. 이 책이 힘든 시간을 지나고 있는 모든 이에게 등불이 되어 한 걸음씩 나아갈 수 있게 하기를 축복합니다. **김지후(광주제일교회)** / 우리의 아버지이신 하나님은 언제나 함께하셨고 나를 지켜주셨다는 사실을 다시 한번 상기시켜 주는 책입니다. **훤(부곡감리교회)** / 나를 너무 잘 아셔서 허락하신 가장 좋은 길, 가장 완전한 길이었음을. 그 모든 길에 나와 함께하셨음을. **이현지(구로동광교회)** / 혼자 살아가는 듯한 느낌을 받을 때, 살면서 의지해야 할 대상을 알고 싶을 때, 지독한 사랑을 느끼고 싶을 때 추천드립니다. **0123** / 내 옆에 계시는 예수님을 바라보게 해주는 책. 고통의 순간들로 예수님이 찾아오셔서 내 편이 되어주신다. 내 삶의 승리의 한 페이지로 영원히 기억될 오직 예수♡ **이은택(여수 산돌교회)** / 풍랑이 없어지는 게 기적이 아니라 하나님과 같이 서 있는 것이 기적이라는 부분에서 큰 감동을 받았습니다. 앞으로 살아가면서 기적을 바라는 것이 아니라 하나님을 의지할 수 있는 지금 이 순간을 기적이라 생각하며 살아가고 싶습니다. **예은(커뮤니티오브니어)** / 흔들리는 순간에도 믿음의 길을 잃지 않게 도와주며, 영혼에 따뜻한 위로와 새로운 소망을 심어주는 책입니다. **정혜인(남부전원교회, 논산중앙교회)** / 하나님께서 함께하시지만, 계시지 않는다 느껴질 때, 다시 하나님께로 한 걸음씩 나아갈 용기를 주는 책. **강정인(커뮤니티오브니어)** / 이 책은 우리 내면의 공허함과 아픔을 하나님의 사랑으로 채워가는 길을 다정히 안내합니다. 쓰러진 자리에서 다시 일어날 힘을 주시는 주님의 사랑을 경험하고 싶다면, 이 책을 펼치세요. **배찌(더큰은혜교회)** / 나를 향해 치열한 사랑을 품고 계시는 하나님 아버지의 마음을 깨닫게 됩니다. 나의 외롭고 공허하고 텅 빈 이 시간들이 아름다운 찬송으로 채워질 날을 확신하고 기대하며, 이 책을 읽는 모두에게 다시 신앙의 결단이 세워지길 소망합니다. **임서아(수영로교회)** / 바쁘게 살아가느라 한편으로 제쳐 두었지만, 첫사랑을 회복하고 싶었던 주님을 향한 간절한 마음을 다시금 일깨워 준 책입니다. **효은(커뮤니티오브니어)** / 모든 것이 감사임을 느끼게 해줍니다. 오늘이라는 귀한 선물을 의미 있게 보내며 살아가기를 소망하시는 분들께 이 책을 전하고 싶습니다. **미연(성복중앙교회)** / 사랑은 상처를 허락하는 것이고, 사랑하는 사람은 누구나 아픕니다. 거절과 상처에도 불구하고 사랑하기를 선택하는 그 사랑의 여정에, 그 순례의 길에 나아갈 용기를 얻었습니다. **라엘(강서성결교회)** / 주님께 받은 은혜가 더 이상 제게 존재하지 않다고 생각했던 시간이 저를 성장시키는 또 하나의 은혜임을 깨닫게 해준 책입니다. **귤(오메가교회)** / 버려진 것이 아니라 하나님의 초대였음을, 무너진 마음에 들어올 빛이 있었음을, 예수님을 바라보듯 나를 바라보시는 그 아버지의 마음이 흘러들어오는 책입니다. **주희(대전중앙침예교회)** / 하나님은 내가 가장 잘하는 것으로 들어 쓰시기에 나의 능력을 더 늘려보고 싶다 생각한 책입니다. **강서령(웅천교회)** / 이 책을 보면서 제가 하나님을 떠났을 때가 생각나네요. 넘어져 있는 그때의 저에게 하나님께서 해주시는 이야기 같아 위로가 되었습니다. **S(다대중앙교회)** / 예수님의 사랑을 닮으려 애쓰다 상처받고 내가 이렇게까지 해야 하나 싶지만, 예수님이 보여주신 사랑을 알기에 버려질 순간까지도 사랑해 보기로 결단할 수 있게 해준 책입니다. **choim(내당교회)** / 제게 힘든 순간들이 폭풍같이 몰려오던 때에, 저를 포기하지 않으시고 다시 일으켜 세우시며 "사랑하는 나의 딸아, 두려워말라. 내가 너와 함께함이라"라고 다독여주던 주님을 다시 기억할 수 있게 해준 책입니다. **홍다빈(구리중앙교회)** / '바른' 사람이 되고 '바른' 자녀가 되게 준비하시는 과정 속에서 넘어지고 무너지더라도 하나님만을 바라보며 싸우고 이겨내고 있을 하나님의 딸과 아들에게 이 책을 추천합니다. **윤면진(일산동안교회)** / 예수님은 내가 가장 원하는 것을 주시는 분이 아닙니다. 예수님은 내게 가장 좋은 것을 주시는 분이며, 그것은 '영원히 함께하심'이라는 사실을 깨닫게 해준 책입니다. **말씀을 지키고 따르는 주님의 자녀(한국침례신학대학교)** / 믿음의 길을 걸어가다 저의 연약함으로 인해 쓰러져 있는 제게 이 책을 통해 하나님이 함께하심을 다시 말씀해 주셨습니다. **박미화(이음동산교회)** / 하나님을 믿으면 망할까 봐, 내가 원하는 것과 다른 삶을 살게 될까 봐 때때로 두려웠습니다. 이 책을 읽으며 다시 한 발자국을 내디디며 다짐합니다. 버려질 모든 순간을 사랑하겠다고. **정한별(정담&커뮤니티오브니어)** / 별뉘, 한 줄기 소망이 비춘다. 곱씹다 보면 어둠 속에서 서서히 퍼지는 빛의 숨결이 느껴진다. 책을 덮는 순간 더 깊어진다. **박예담(판교이음교회)** / 내가 있는 곳이 거친 바닷속이라도 주님과 함께 걸어갈 수 있다면 그것이 감사라고 수많은 좌절과 분노의 눈물 끝에서 기꺼이 고백하게 되는 책. **주와 함께(가톨릭대학교)** / 나의 연약함도 사용하시는 하나님을 깨닫게 해준 책입니다. **ongeun(블레싱샘터교회)** / 나는 왜이렇게 힘든 걸까, 혹시 버려진 건 아닐까 생각했던 시간들을 다시 떠올려보며 인도해 주시고 함께해 주신 하나님 아버지의 사랑을 다시 느낄 수 있는 귀한 책이었습니다. 혹 지금 많이 외로운 분들이 계시다면 공감과 위로를 누릴 수 있을 거라 확신합니다. **시엘(강남중앙침례교회)** / 새로운 걸음을 내디뎌야 하는 상황 앞에 두려워하고 있던 제게 지나온 시간도 다가올 시간도 의미 있다고 말해 준 책입니다. **김주희(성남성안교회)** / 아버지의 사랑은 완전하셔서 우리를 깨어진 상태로 두지 않으신다는 것을 깨닫게 되었습니다. 이 책을 만난 모든 분의 삶이 완전한 아버지의 사랑으로 가득하길 기도합니다. **성은진(커뮤니티오브니어)** / 나는 또 무너지고 넘어지겠지만 이제는 안다. 그 시간을 통해 하나님 사랑을 알게 되고 감사를 고백할 것을. **정승제(광주겨자씨교회)** / 어제의 상처와 아픔, 어제 흘린 눈물과 고난은 감추인 보배가 드러나기 위한 재료였음을 알게 해준 책이다. **HENY(은평교회)** / 정이 많아 사람에게 진심으로 대하다가 매번 버려지고 상처받은 제 마음을 보듬어주었어요. 그 상처와 기다림이 저를 성장시키고 하나님과 가까워지게 하기 위한 하나님의 뜻이었음을 깨닫게 해준 귀한 책입니다. **정은(송도가나안교회)** / 기다림에 지친 나에게, 사랑이라는 선물을 들고 내 앞에 서 계시는 하나님을 느끼고 깨닫게 해준 책입니다. **예찬(시드니주안교회)** / 때론 낭비처럼 보이는 삶이지만 여전히 예수밖에 모르는 바보로 살아가겠다 결단한 우리에게 전해 준 따뜻한 용기와 위로의 메시지입니다. **이상은(양산삼양교회)** / 풍랑을 없애는 게 기적이 아닌, 불어오는 풍랑 속에서 내 옆에 있어 주시는 게 기적임을 알게 해준 소중한 책입니다. **이채빈(드리미교회)** / 매번 세상에서 버려질 때마다 눈물만 흘리는 연약한 나를 감싸주시는 하나님을 떠올리게 해주는 책입니다. **이조(안양일심교회 청년1팀)** / 신앙생활을 하는 가운데 잊어버렸던 고민과 질문을 다시 마주하고 생각할 수 있게 해준 헌 책방에 있는 나의 자서전 같은 책. **박수아(만나교회)** / 이 책을 덮으며 확신했습니다. 앞으로도 수없이 버려질 것을 알지만, 이 길 끝에 주님이 계실 것 또한 알기에, 나는 만신창이가 되더라도 끝까지 이 길을 갈 거라는 걸. **조유민(과천소망교회)** / 불가능하다 체념했던 나를 다시 일으키신 주님은 내게 이렇게 말씀하셨다. "야야, 네게 추한 그 발버둥이, 내겐 가장 아름다운 예배란다." **송윤선(커뮤니티오브니어)** / 나와 같은 한 영혼에게 이 책이 닿아, 삶을 살아내고 사랑을 품고 살아갈 작은 등불이 되길 바랍니다. **jireh(유명한교회)** / "사랑하는 내 아가" 부르시는 아빠의 마음을 알 수 있는 뻔한(burn) 이야기 아닌 찐한(real) 이야기. **박예은(커뮤니티오브니어)** / 무너진 모습까지 사랑해 주시는 예수님의 마음을 느끼며 나도 예수님의 모든 면을 사랑하겠다는 결심을 하게 되었습니다. **기다솜(한국침례신학대학교)** / 한 사람 한 사람을 향한 하나님의 특별한 사랑을 느낄 수 있는 책이었습니다! **여호와이레(우리시민교회)** / 무기력한 시대 속에 사는 나에게 나를 찾게 해주는 여정이 되는 책이었습니다. **문미미(ESF, 높은뜻정의교회)** / 책 제목을 보고 하나님으로부터 버려진 것 같은 지금, 나에게 원하시는 고백이겠구나 했습니다. 풍랑 속에 홀로 서 있다고 생각하는 모든 이들에게 이 책을 추천합니다. **의귀청년(제주 의귀교회 버틴 청년부)** / 나의 모든 시간에서 온전히 역사하신 하나님, 내가 버리는 모든 순간에도 역사하신 하나님을 만날 수 있었습니다. **해동(햇불교회)** / 임마누엘을 소개하는 책입니다. **Soo(등촌제일교회)** / 한 번의 깨달음과 회개로 끝나는 것이 아닌, 인생에 있어 좌절, 오만, 기쁨, 게으름 속에 나를 붙잡고 흔들어줄 책. **김예인(온누리교회 CHPLUS)** / 내가 약해질수록 하나님이 더 큰 능력으로 일하신다는 사실을 경험하게 하는 귀한 여정이었습니다. **하나님이 창조하신 백민선** / 삶 가운데 크고 작은 무너짐과 버림을 겪고 느끼게 됩니다. 상태보다도 존재로 나를 먼저 보시는 하나님께 믿음의 상태를 보여드릴 수 있길…. 회복의 소망을 가진 이에게는 그럴 수 있는 힘이 이미 주어져 있을 거라고…. **Goldcoasters(일상선교사)** / 인생의 수많은 파도와 같은 굴곡들 속에 그저 suffering하던 내게 모진 파도들을 surfing할 수 있게 용기를 준 책. **최지윤(킹스턴한인교회)** / 사랑받고 있음을 느꼈고, 사랑하고 싶어졌습니다. 하나님의 자녀라 행복하다는 고백이 저절로 나오게 되는 책입니다. **박여진(간석제일교회)** / 단 한 순간도 날 사랑하지 않으신 적이 없는 예수님을 기억하게 해준 책. **신상익(대명교회)** / 이 책을 읽고 다시 한번 삶을 되돌아보는 계기가 되었던 것 같습니다. **김하연(여수산돌교회)** / 가장 어두운 곳에서 참진리 되시는 하나님을 잠잠히 묵상하게 되는 책. **투성이(청천교회)** / 하나님이 나를 버리실 리 없다는 걸 알지만 그 사랑에 확신을 가지기 어려웠습니다. 그 확신을 가지기에 앞서 한발 더 나아가게 해주셔서 감사합니다. **김태지(둔산침례교회)** / 한 인간이 다채로운 빛으로 태어나 무채색으로 변해 갔던 과정 속에 이 책을 읽으며 빛을 보기에 충분합니다. **안예섭(돌다리교회)** / 하나님과 사람에게 인정받기 위해 애썼던 저의 삶을 돌아보며, 나의 삶을 빈틈없이 채우시는 하나님의 은혜를 다시금 경험하는 책이었습니다. **김순석, 이선옥(중부반석교회)** / 한 아이의 버려졌던 시간 속 눈물들이 하나님을 만난 꽃이 되어 위로의 한 책이 되었다. **긍정임지(별내 물댄동산교회)** / 내 옆에서 언제나 함께하시는 예수님의 그 사랑을 다시 한번 깊이 생각하고 돌아보게 되는 책입니다. 그 사랑에 눈물이 날 만큼 기쁘고 감사해서 꼭 손수건 챙기고 보세요♡ **김하영(충정교회)** / 하나님을 더 사랑하기 원한다 고백하면서도 늘 제가 먼저였고, 그런 제 자신에 실망해 더 하나님을 외면하기도 했습니다. 그런 제가 다시 하나님의 손을 붙잡을 수 있도록 용기를 건네준 이 책이 더욱 많은 이들의 어둠에 따스한 빛을 비춰주기를 소망합니다. **이태경(커뮤니티 오브니어)** / 버려졌다 생각했던 시간들이 희망이 되길 바랐지만 여전히 버려지고 쓸모없어 보이는 순간이 옵니다. 하지만 그런 순간에 내 영혼을 위한 노래를 부를 수 있도록 이끌어주는 책이었습니다.

버려질 모든 순간을 사랑하겠노라
ⓒ 김성경

1판 1쇄	2025년 2월 10일
1판 2쇄	2025년 3월 15일

지은이	김성경
발행인	조애신
편집	이소연
디자인	임은미
마케팅	전필영
경영지원	전두표

발행처	도서출판 토기장이
주소	서울시 마포구 동교로 71-1 2F
출판등록	1998년 5월 29일 제1998-000070호
전화	02-3143-0400
팩스	0505-300-0646
이메일	tletter77@naver.com
인스타그램	togijangi_books_

ISBN	978-89-7782-540-6

- 이 책은 저작권 법에 따라 보호를 받는 저작물이므로 무단 전재와 무단 복제를 금합니다.
- 이 책의 전부 또는 일부를 이용하려면 반드시 저자와 도서출판 토기장이의 동의를 받아야 합니다.

도서출판 토기장이는 생명 있는 책만 만듭니다.
"우리는 진흙이요 주는 토기장이시니 우리는 다 주의 손으로 지으신 것이니이다" (이사야 64:8)

값 19,000원

버려질 모든 순간을 사랑하겠노라
ISBN 978-89-7782-540-6 (03230)